中国茶文化丛书

茶文化旅游

李远华　主编

中国农业出版社·北京

图书在版编目（CIP）数据

茶文化旅游 / 李远华主编． — 北京 ：中国农业出版社，2019.5（2025.1重印）
（中国茶文化丛书）
ISBN 978-7-109-24980-6

Ⅰ．①茶… Ⅱ．①李… Ⅲ．①茶文化－旅游－研究－中国 Ⅳ．①F592

中国版本图书馆CIP数据核字(2018)第270068号

中国农业出版社出版
（北京市朝阳区麦子店街18号楼）
（邮政编码 100125）
责任编辑 姚 佳

———————————

北京通州皇家印刷厂印刷　新华书店北京发行所发行
2019年5月第1版　2025年1月北京第3次印刷

———————————

开本：700mm×1000mm 1/16　印张：17.5
字数：280千字
定价：88.00元
（凡本版图书出现印刷、装订错误，请向出版社发行部调换）

本书编委会

主　　编：李远华

参编人员：谢煜慧　郑慕蓉　梁丽云
　　　　　刘彬彬　李旗芳

总　序

　　茶文化是中国传统文化中的一束奇葩。改革开放以来，随着我国经济的发展，社会生活水平的提高，国内外文化交流的活跃，有着悠久历史的中国茶文化重放异彩。这是中国茶文化的又一次出发。2003年，由中国农业出版社出版的《中国茶文化丛书》可谓应运而生，该丛书出版以来，受到茶文化事业工作者与广大读者的欢迎，并多次重印，为茶文化的研究、普及起到了积极的推动作用，具有较高的社会价值和学术价值。茶文化丰富多彩，博大精深，且能与时俱进。为了适应现代茶文化的快速发展，传承和弘扬中华优秀传统文化，应众多读者的要求，中国农业出版社决定进一步充实、丰富《中国茶文化丛书》，对其进行完善和丰富，力求在广度、深度和精度上有所超越。

　　茶文化是一种物质与精神双重存在的复合文化，涉及现代茶业经济和贸易制度，各国、各地、各民族的饮茶习俗、品饮历史，以品饮艺术为核心的价值观念、审美情趣和文学艺术，茶与宗教、哲学、美学、社会学，茶学史，茶学教育，茶叶生产及制作过程中的技艺，以及饮茶所涉及的器物和建筑等。该丛书在已出版图书的基础上，系统梳理、查缺补漏、修订完善、填补空白。内容大体包括：陆羽《茶经》研究、中国近代茶叶贸易、茶叶质量鉴别与消费指南、饮茶健康之道、茶文化庄园、茶文化旅游、茶席艺术、大唐宫廷茶具文化、解读潮州工夫茶等。丛书内容力求既有理论价值，又有实用价值；既追求学术品位，又做到通俗易懂，满足作者多样化需求。

　　一片小小的茶叶，影响着世界。历史上从中国始发的丝绸之路、瓷器之路，还有茶叶之路，它们都是连接世界的商贸之路、文明之路。正是这种海陆并进、纵横交错的物质与文化交流，牵连起中国与世界的交往与友谊，使茶和咖啡、可可成为世界三大无酒精饮料，茶成为世界消费量仅次于水的第二大饮品。而随之而生的日本茶道、韩国茶礼、英国下午茶、俄罗斯茶俗等的形成与发展，都是接受中华文明的例证。如今，随着时代的变迁、社会的进步、科技的发展，人们对茶的天然、营养、保健和药效功能有了更深更广的了解，茶的利用已进入到保健、食品、旅游、医药、化妆、轻工、服装、饲料等多种行业，使饮茶朝着吃茶、用茶、玩茶等多角度、全方位方向发展。

习近平总书记曾指出：一个国家、一个民族的强盛，总是以文化兴盛为支撑的。没有文明的继承和发展，没有文化的弘扬和繁荣，就没有中国梦的实现。中华民族创造了源远流长的中华文化，也一定能够创造出中华文化新的辉煌。要坚持走中国特色社会主义文化发展道路，弘扬社会主义先进文化，推动社会主义文化大发展大繁荣，不断丰富人民精神世界，增强精神力量，努力建设社会主义文化强国。中华优秀传统文化是习近平总书记十八大以来治国理念的重要来源。中国是茶的故乡，茶文化孕育在中国传统文化的基本精神中，实为中华民族精神的组成部分，是中国传统文化中不可或缺的内容之一，有其厚德载物、和谐美好、仁义礼智、天人协调的特质。可以说，中国文化的基本人文要素都较为完好地保存在茶文化之中。所以，研究茶文化、丰富茶文化，就成为继承和发扬中华传统文化的题中应有之义。

当前，中华文化正面临着对内振兴、发展，对外介绍、交流的双重机遇。相信该丛书的修订出版，必将推动茶文化的传承保护、茶产业的转型升级，提升茶文化特色小镇建设和茶旅游水平；同时对增进世界人民对中国茶及茶文化的了解，发展中国与各国的友好关系，推动"一带一路"建设将会起到积极的作用，有利于扩大中国茶及茶文化在世界的影响力，树立中国茶产业、茶文化的大国和强国风采。

姚国坤

2017 年 6 月于杭州

前　言

茶文化是中华民族优秀传统文化的组成部分，茶道、茶艺、茶馆、茶诗、茶歌、茶戏、茶事、茶俗、茶与宗教哲学等都是茶文化的内容。旅游的本质是获得人身的自由感、精神上的解放感和特定需要的满足感。现代社会，茶文化旅游是很好的一种方式，能够满足人们对美好生活的追求。在旅游中领略茶文化，如茶园游乐、采茶制茶、品茗作诗、茶俗、茶典故、茶事活动、茶建筑与茶遗迹、茶寮体验、茶疗、茶宴、茶会等，茶助旅游，旅游兴茶，既体会到茶文化带来的愉快感受，也在茶文化体验中增添了旅游的雅情逸趣。

本书介绍了茶文化旅游的起源与现状、设计与开发，有会展商务型、游学交流型、民俗体验型、养生保健型、休闲品鉴型、宗教文化型，以及港澳台茶文化旅游、外国茶文化旅游。一些著名旅游景点也是茶文化与旅游的很好结合，如武夷山与大红袍、杭州与西湖龙井、庐山与庐山云雾、黄山与黄山毛峰等。中国香港、澳门的茶楼茶餐厅茶饮、中国台湾阿里山观光茶园、木栅观光茶园、大稻埕、日本茶道，英国下午茶，印度、肯尼亚、斯里兰卡的红茶文化等，都是形式多样、多彩多姿的茶文化旅游，细细品茗都能气韵浓长回甘，茶味香馥，意境悠远。

本书由西南大学谢煜慧博士、河南农业大学梁丽云博士、福建农林大学茶学研究生刘彬彬、北京"温润泡茶舍"主人李旗芳、武夷学院茶与食品学院郑慕蓉老师和我本人共同编写完成。在本书的编写过程中得到中国农业科学院茶叶研究所姚国坤研究员、西南大学刘勤晋教授的指导，武夷学院茶与食品学院陈丹妮老师对前期编写大纲提出了宝贵意见，在此深表谢意。

本书在编写中难免有错漏，恳请读者批评指正，以便再版时修改。

李远华

2018 年 2 月于武夷山

目　录

第一章

茶文化旅游起源与现状

一、茶文化旅游简述

1. 旅游简述

　　旅游是人们为寻求精神上的愉快感受或为参加某一事务而进行的非定居性旅行以及在游览过程中所发生的一切关系和现象的总和。其本质是一种身心愉悦的精神感受和特殊生活经历，在这个过程中人们会获得人身的自由感、精神上的解放感和特定需要的满足感等。改革开放后，我国的经济高速发展，人们通过经商、出差等机会有了外出交流的可能，之后越来越多的外出与视野拓展的需求，使旅游业快速发展起来。2017年，我国国内和出入境旅游人数超过51亿人次，国内游、出入境游需求表现旺盛。同时，我国的旅游者也不再满足于单纯的观光，随着时代节奏的加快，很多人通过旅游调节自己的生活与节奏，希望通过旅游让自己的心灵得到休憩。此外，人们还乐于参与到旅游活动的开发过程中，希望旅游的方式能按自己的意愿进行，因此，在观光旅游的基础上，休闲旅游与体验旅游成为时代的主旋律。

2. 茶文化旅游简述

　　（1）茶文化　我国茶文化源远流长，内涵丰富，在茶产业不断发展的基础上，形成了我国独特的茶礼茶俗、茶歌茶舞、茶诗茶画、茶艺茶道等一整套文化内涵。茶文化从广义上讲，是指人类历史实践过程中所创造的与茶有关的物质财富和精神财富的总和。从狭义上讲，是由茶呈现的人文形态，包含茶树的起源、演变、发展和传播；茶叶饮用方式的演变和发展；各地区、各民族的饮茶习俗；茶叶的品饮技艺的演变；品茶之道的形成和发展及其与哲学宗教之间的关系；饮茶器具的产生和发展；茶与文化艺术，如诗歌、小说、散文、戏剧、绘画、民间传说以及茶联等的关系。从本质上来讲，茶文化是茶在被人类利用过程中形成的各种文化现象的集合体。

■ 茶山歌舞

因此，茶文化不是单纯的物质文化，也不是单纯的精神文化，而是二者巧妙的结合；中国茶文化是在一定社会条件下的产物，又随着历史发展不断变化，它是一门不断发展的学科。

（2）茶文化与旅游的结缘　从广义上来看，茶文化涉猎广泛，从茶树的生产种植、加工保健到有关茶的礼俗、宗教、文学艺术等，因此茶文化旅游可以是农业旅游、生态旅游，也可以是民俗旅游、文化旅游、休闲旅游、养生旅游，等等。茶，至清至洁，中庸平和，予人健康，启人智慧，自古是文人墨客的良伴。我国古代大量的典籍文献记载着历史上的茶区风光、茶园游乐、茶山休闲、茶事活动等，如品茗作诗、茶俗典故、斗茶游戏、清明茶宴、采茶歌舞……，还有茶事建筑，如大唐贡茶院、宋代御窑、元代御茶园、茶寮茶馆等。

茶文化与旅游的结缘主要体现在：

历代的文人墨客以及旅行家都喜爱游历山川、善品香茗。晋代《荈赋》开篇"灵山惟岳，奇产所钟。瞻彼卷阿，实曰夕阳。厥生荈草，弥谷被岗。承丰壤之滋润，受甘露之霄降"。"灵山、丰壤、甘露"都是作者对茶山情不自禁的赞美，并写明在初秋之际大家相约山间采茶、煮水品茗的美好场景，令人向往。同时描绘了美丽的茶山环境与讲究的饮茶艺术，并对茶叶功效有初步认识。晋代文人张载于太康初年，回成都探望老父亲时，看到成都的富庶与饮茶风气，有感而发"芳茶冠六清，溢味播九区。人生苟安乐，兹土聊可娱"。唐代大诗人李白在湖北玉泉寺逗留时，见附近茶轩出一种名茶"仙人掌茶"，欣然写下雄奇豪放的诗句："茗生此中石，玉泉流不歇。根柯洒芳津，采服润肌骨。丛老卷绿叶，枝枝相接连。"赞赏茶叶的观赏性与保健性。与李白齐名的杜甫，在反映现实的《重过何氏五首》中写道："落日平台上，春风啜茗时。石阑斜点笔，桐叶坐题诗。翡翠鸣衣桁，蜻蜓立钓丝。自逢今日兴，来往亦无期。"落日、春风、翠鸟、蜻蜓，环境幽雅，一边赏茗，一边题诗，宛如一幅美妙的饮茶题诗图，将文人理想的休闲生活方式反映无疑，雅情逸趣跃然纸上。明代大旅行家徐霞客在其游记中，多次提到在庐山、黄山品茗赏景，书中还记载了多地的饮茶风俗，如云南大理的三道茶、凤庆的太华茶。

具有体验价值的各种茶节事、名茶采制流程和各类茶俗茶艺广为流传。如唐宋时期的清明茶宴，武夷山春茶采摘时的喊山祭茶仪式，福建广东一带的客家擂茶，广东潮汕的工夫茶，云南白族的三道茶，布朗族、哈尼族的茶神祭祀、茶史诗歌，江西赣州的采茶歌舞戏等。

各种因茶而兴修的茶事建筑在历史上占有重要地位，现今仍具有极高的文化考古和观赏价值，如茶园、茶场、茶市、茶亭、茶古道、茶码头、茶博物馆。历史上第一个皇家贡茶苑位于浙江省宜兴市长兴镇，建立于唐大历五年（770年），贡茶历史长达600年，其建筑气势恢宏，功能齐全。如今当地政府在原有遗址上重建了仿唐式建筑大唐贡茶苑，每年4月恢复皇家祭茶大典仪式，平日里还有唐代宫廷茶艺的展演。如今宜兴三绝"阳羡茶、金沙水、紫砂壶"已由皇室进入普通百姓生活，每年来这里看茶品茗的游人如织，已成为当地一处重要的旅游景点。此外，位于浙江省磐安县玉山镇的玉山古茶场，始建于宋代，清乾隆年间重建，现建筑保存良好，分为茶场庙、茶场管理用房、茶场三大部分，建筑面积1 559.57平方米，建筑中管理房还保留有"谕禁白术洋价、粮价洋价"等清代石碑，是目前保存最完整的古代茶市遗址。玉山古茶场不仅具有观光价值，还具有重要的考古科研价值，对于研究古代茶市的发展具有重要的意义。

现代的各种茶文化旅游休闲地。例如，云南柏联集团建立的景迈茶庄园，酒店置于景迈古茶园之中，与当地建筑相融合，外部古朴、内部现代，在酒店的吧台上可以欣赏到景迈茶山的自然风光，呼吸茶山的纯净空气。庄园内还配有现代理疗、SPA、瑜伽等帮助心灵放松的项目与课程；浙江羊岩茶庄园在原有村办集体茶场的基础上，对茶园进行美化，并新修了茶步道、茶文化园、茶叶迷宫、体验制茶区、茶亭、酒店、接待餐厅等设施，形成了融生产、观光、品尝、参与、购物、住宿、休闲、游学于一体的文化主题旅游。

■ 世界红茶发源地——武夷山桐木关

（3）现代茶文化旅游　现代茶文化旅游始于20世纪90年代初，是我国旅游业与茶文化发展到一定阶段的产物。自茶文化与旅游业结合以来，被外界普遍看好，它不仅丰富了旅游资源，而且带动了茶产业，旅游兴茶，茶助旅游，二者齐头并进。加拿大学者Lee Joliffe在其《茶与旅游：游客、传统和转变》一书中提出，中国未来作为茶文化旅游地有着巨大的潜力，中国也将成为最大的茶文化旅游输出国。

近年来，有越来越多的关于茶区的旅游记载，如观光日志、访茶寻茶之路、茶旅专项教材等作品出版。如《茶之路》《闽茶》《茶旅春秋》《浙茶》《看茶》《茶文化旅游概论》等，但关于茶文化旅游的理解丰富多彩，尚无统一定义。

姚国坤、刘勤晋、白美丽等学者认为茶文化旅游是一种休闲旅游。茶文化旅游是以茶业资源及茶文化为主要吸引物；以了解、认识和欣赏茶业资源、感受、品味茶文化为主要内容；以亲身参与、亲身体验茶事活动为主要形式；以放松身心、品味文化、感悟人生为目的，是集文化、休闲、体验于一体的一种旅游活动。

李维锦将茶文化旅游归入文化生态旅游范畴。文化生态旅游是指旅游者通过体验与自然、社会环境协同一致的文化生态资源，追求"人与自然""人与人""人与自我"三者均衡的文化知识、审美价值，并且强调旅游者在旅游过程中对旅游环境承担责任和义务的一种基于生态文明观的旅游形式，是文化旅游与生态旅游的新发展。以名茶产地的山水景观和人文景观、茶的历史发展、茶区人文环境、茶业科技、千姿百态的茶类和茶具、饮茶习俗和茶道茶艺、茶书茶画诗词、茶制品等为内容的旅游，让旅游者在体验、感受和品与茶有关的天然的生态环境和古朴的民情民风的同时获得教益的过程就是茶文化旅游。

综上所述，我们认为茶文化是指以茶为中心的物质文明和精神文明的总和，是一种物质文明与精神文明高度统一的产物。茶文化旅游亦是旅游的一种高级形态，即以茶为载体或媒介，人们通过可看、可赏、可学、可食、可饮、可住、可用等茶与茶文化的消费从而获得身心与精神的自在，获得知识的补充与人格修养的提升。

二、古代茶文化旅游

有人说，旅游是发现美、认识美、传播美的过程。而茶是一种最好的媒介，马来西亚首相马哈迪在第七届国际茶文化研讨会上指出：如果有什么可以促进人与人之间关系的话，那便是茶。茶味香馥，意境悠远，象征中庸和平。在今天这个文明互动的世界里，人类需要对话和交流，茶是最好的媒介。

从古至今，旅游者的步伐从未停止。从炎黄时代的大迁徙，春秋战国时期孔子周游列国，西汉张骞出使西域，魏晋南北朝时期文人墨客的九州环游，以朝觐、求法为目的旅游及宗教活动，唐宋时期各国的使臣在国与国之间往来，明清时期郑和下西洋的航海旅行等。在一次次的交流往来中，中华民族的代表名片——茶及饮茶方式也随文人墨客、商人、使臣从最初的西南带至全国，随张骞到达西亚诸国，随唐宋僧侣到达日本、韩国，随郑和到达西洋，随欧洲传教士、商人到达欧美各国。

茶叶，因其中庸平和的特质，包容的特性，所到之处都能与当地文化形成独特的融合并落地生根，目前，全世界有64个国家和地区种茶，30多亿人饮茶，茶已经成为一种世界性饮料。

茶者，南方之嘉木也。古时最早分布于云贵川交界一带。相传濮人是最早栽种茶树的先民，他们主要生活在古时四川、贵州、云南一带，现在最会种茶的几个民族如布朗族、哈尼族、佤族等都是濮人的后代。在中国的文献记载中，最早关于饮茶的描述也集中于西南地区的巴蜀一带。相传周武王伐纣经过巴蜀之时，当地官吏用地方特产茶叶、魔芋、丹漆、桑麻、六畜等上贡武王，使得黄河流域的文明接触到南方的茶叶。秦统一中原之后，物资与信息交流更加便利，饮茶习俗也进一步传播到全国。随着京杭大运河的开通，物资交流更加频繁。隋唐盛世的出现，使农耕生产技术大大提高，茶叶扩植到多省，茶园面积不断扩大，茶产量提高，茶价降低。随着社会经济的繁荣，人们的精神生活更加丰富，代表着文明的饮茶文化得以进一步普及。在唐代开元盛世期间，全国到处煮饮（茶），并转相仿效，遂成风俗，茶道大行，始自中地，流于塞外。在1200年前的中国，饮茶已遍及全国，饮茶之法被称为茶道，饮茶从普通的物质层面上升到精神层面，我国的茶文化体系正式形成。

茶圣陆羽毕其一生考察茶区、茶事，研究茶叶种植、加工、煮饮、茶具、茶道精神，他的足迹遍及唐代茶区，他所著述的《茶经》是世界上第一部茶学专著，可以称得上是古代的茶叶百科全书。陆羽也是历史上名副其实的茶文化旅游第一达人。

明清时期，旅游更加兴盛，文士名人热衷与山水为伴，他们崇尚自然，隐居山林，远离官场，瀹茶论道。茶成为文士必不可少的伴侣，清芬的茶香与幽净的山水相得益彰。明代朱权寄情山水，鼓琴读书，瀹茶忘忧，从山水中参禅，从茶叶中探真义，将山水、禅、茶有机结合，并著《茶谱》。徐霞客一生游历祖国名山大川，留下不少在黄山、庐山等名山大川品茗的佳句，他多留宿寺庙，游记中记载了我国多地的名寺名茶和特色茶俗。他上西南佛教圣地鸡足山时曾与高僧辩法得到寺院长老的推崇，寺院用隆重的白族三道茶礼款待他，是目前最早的关于白族三道茶的文献记载。

乾隆六下江南，四访龙井，为龙井茶题诗，使得龙井茶千古流芳，并留下"国不可一日无君，君不可一日无茶"的名言典故。清代时茶馆普及，戏曲、评书等文娱活动进入茶馆，妇女也逐渐进出茶馆，茶馆数量达到鼎盛，饮茶习俗真正走入千家万户，踏进寻常巷陌。

历史上这些名人学士，多为爱茶之人，而茶多长于名山大川之中，我国的庐山、黄山、武夷山、太湖、西湖、鄱阳湖、洞庭湖等地，不仅风景秀丽，而且出产佳茗。名士多是啸咏山水的良伴，仁者乐山，智者乐水，在游览这些地方时再加以香茗的感染，文思泉涌，因此茶以文传，文以茶显。

三、现代茶文化旅游

茶，是世界上最健康的饮料。中华民族最早的饮茶传说可溯至神农尝百草，而有文字记载则是在西汉时已有巴蜀一带老百姓饮茶的内容。对于茶，我国老百姓有一种说不出的情感，几千年来，无论历史如何沉浮，茶始终不离左右，茶早已成为国人生活的一部分，茶的平和特性也塑造了中国老百姓平和柔顺的性格。

中华人民共和国成立后，我国茶叶生产得到恢复，目前全国有20个省（自治区、直辖市），900多个县、市产茶，茶园面积为世界第一，茶叶产量居世界第一。改革开放后，我国的经济逐步复苏，旅游与茶文化亦趋繁荣起来。茶文化旅游是现代茶业与旅游业交叉融合，集文化与生态旅游于一体的专项旅游，属于旅游的高级形态，近几年逐渐进入人们的视野。各地兴建的茶旅小镇，如宜兴湖沪、云南景迈、杭州龙坞、福建福鼎等地吸引了众多的游客。同时各地的茶博会、茶叶节也蓬勃兴起，每年采茶季，各地的开采节和春茶订货会吸引了大量的南来北往的商人奔赴茶区。普通大众也走上茶山，感受万物的复苏，亲自体验采茶、制茶的乐趣，在山间品饮一杯明前的春茶，感受春天的来临。

近年来，各地的斗茶赛和茶艺赛如雨后春笋，游客参与其中乐此不疲。杭州每年举办的茶奥会与武林斗茶，参与人数过万，规模宏大，堪称茶界的奥林匹克；中国茶叶学会每年举办的"中茶杯"茶叶评比赛，参与企业众多，每年都会诞生出众多优质茶品和创新茶品；每年的大学生茶艺大赛，对茶艺不断地突破和极致演绎，也给予社会一股清流和美的享受。茶元素的文学作品、影视纪录片近年来层出不穷，除了大家耳熟能详的老舍先生的《茶馆》，还有现代作家王旭烽的《茶人三部曲》获得第五届茅盾文学奖，作品中以茶人杭氏家族的命运为主线，将茶业的兴衰、家族的兴衰与国家民族的兴衰融合在一起，再现了中国博大精深的茶文化。纪录片《德拉姆》通过云南怒江原住民的口述历史，真实反映了怒江流域马帮人的故事和生活现状，画面中从始至终都能听见马蹄声、马铃声、邮递员骑自行车的轮子声、院子里咕咕的鸡叫声、孩子的吵闹声、人们收麦子的欢笑声……通过声音的指引将观众带到如世外桃源般的怒江流域。纪录片《茶叶之路》通过来自中国、蒙古、俄罗斯的三个年轻人重走万里茶道，让人们回顾了200多年前华茶的辉煌与衰败，了解华茶从中国销往俄罗斯的历程与努力，重新挖掘整理沿途的古建筑和历史人文资源。纪录片《茶，一片树叶的故事》则通过200多位人物与故事串联，以极美的画面与语言讲述了世界各地的人们与茶的情感，是一部优秀的茶叶人文纪录片。

此外，茶元素的内容结合现代演绎，也被越来越多地搬上剧院和舞台。如武夷山的名片之一《印象大红袍》，以武夷山大王峰、玉女峰和九曲溪实景为演出背景，首创360°旋转看台，用看得见、摸得着，甚至闻得到的方式，将茶文化推荐给游客，不仅展示了茶史、制茶工艺，更是通过茶文化倡导生活节奏张弛有度、生活方式健康有序、生活态度乐观和睦，契合武夷山茶道茶韵，契合武夷山的山水间的闲庭信步。"爬天游峰、游九曲溪、看《印象大红袍》"已成为游武夷山的首选行程。到茶园走走，看看母树大红袍，细品一口武夷岩茶，也成为很多游客来武夷山旅游的新选择。

贵州都匀打造的浪漫舞台剧《茶尖上的芭蕾》，以茶为线索，通过年轻的英国茶商威廉在中国茶乡与茶仙子经历的一系列因茶生情、因茶结缘的故事，采用西方芭蕾舞与黔南民间歌舞相结合的艺术形式，体现了东西方文明的融合交汇，彰显和发扬了中国的茶文化，为贵州都匀毛尖茶的传播增添了浪漫传奇的色彩。

《幻茶谜经》创意源于法门寺出土文物——唐朝皇帝李儇的精美茶具，演出以大唐历史文化为背景，以"茶"为线索，结合金刚经"一切有为法，如梦幻泡影，如露亦如电，应作如是观"的概念，作为情节意旨演绎一个亦真亦幻的故事。全剧以茶入禅，大俗大雅，色声香味俱全。剧中樵夫、高士与僧人代表不同类型的人，折射出创意者对人在物质、精神、灵魂三重相位上的思考和展现，是一部既唯美又给人启迪的舞剧。自2012年11月6日在德国柏林举行世界首演后，受到世界各国媒体的热议。

随着社会的发展，经济文化的进步，喝茶的人口由南向北不断增多，我国人均茶叶消费从20前年的不到0.5千克到现在的接近2.0千克，饮茶有益健康的观念逐渐得到大众认同。"你喝茶了吗？"每年的全民饮茶日各地自发向民众宣传普及茶饮，也起到了实际效果。中国国际茶文化研究

■ 晋商万里茶路起点——武夷山下梅

会提出的茶叶进机关、进企业、进学校、进社区、进家庭的"五进"运动，旨在进一步宣传弘扬茶文化，普及和推广茶知识。如今，越来越多的学校、社区开设了茶文化或茶艺课，城市中越来越多的人走进茶馆品茗休闲。

四、茶文化旅游类型

茶文化旅游自20世纪90年代以来，蓬勃发展，近年来随着茶饮的推广与旅游的普及，加之物质文明满足后人们对精神文明的追求，茶文化旅游作为旅游的高级形态，被越来越多的人关注，茶文化旅游的类型也呈现出多种形式，且在不断地发展。

1. 观光体验型

高山云雾出好茶。我国茶山所在区域，以山地居多，植被茂密，生态良好，鸟语花香。多数知名茶区位于国家风景区内，如著名的黄山、西湖、武夷山、庐山、太姥山等地既是产茶胜地，又是旅游胜地，茶区的风景与城市的喧嚣、拥挤、污染形成鲜明对比。近几年，赴茶区旅游的人数急剧增长，在大城市中心或附近的茶区成为很多家庭度假的首选地，如杭州的西湖茶区，每到周末当地的"茶家乐"都要提前预约。离杭州、上海较近的宜兴、新昌等城市也是如此，一到节假日就人流如织。

以家庭或团队为主体，周末带着小孩或团队成员去茶山，看一眼绿色，品一口香茗，享受一顿绿色茶餐。逛逛茶山，认识茶园生态，理解青山绿水是好茶之本，体验采茶、制茶，体会劳动的快乐，学习泡茶饮茶之道，通过相互奉茶表达对他人的敬意，增加家庭或团队的情感。而"我为父母泡杯茶、我为茶山植棵树"等亲子互动体验活动也受到越来越多的家庭喜爱。

2. 休闲品饮型

"开门七件事，柴米油盐酱醋茶"，早在唐代，茶就成为中国老百姓的日常饮料。在现代社会中，茶对于改善都市人的亚健康体质、提高生活情趣起着重要作用，也是人与人之间很好的润滑剂。在我国的南方城市，人们有空闲时就泡茶馆的习惯，例如四川成都，城市里各个角落都有茶馆与茶客的身影，在文殊坊、青羊宫、人民公园，到处可以见到人们跷着二郎腿，晒着太阳，喝茶摆"龙门阵"的场景，时间就这样安静地流淌着，闲适而安逸。成都人早上起来泡茶馆，下午太阳落山才回到家里，因而成都也成为有名的休闲之都。而在广州，当地百姓则有吃早茶的习惯，一壶精致的工夫茶，再配上几件可口的点心，当地人一天的生活也就开始了。在江浙一带，文化氛围浓厚，生活精致，饮茶成为一种精致文化，茶式生活成为东方诗意生活的代表。

3. 健康养生型

通过禅修、习茶、静心、节食等体验方式，在过程中放松，使人由紧张达到自然放松的轻松状态。近年来，一两天的茶道研修课程在都市中十分流行，越来越多的人选择在外出度假的同时滋养身心。各地推行的茶道养生结合自然、茶性、中医、健康营养等知识，为处于亚健康的现代人带去了一种健康的新选择，在休闲过程中通过环境、起居、食疗、活动、理疗、功法和课程等系统的设置，使人在"身、心、灵"之间实现平衡愉悦，个人与社会和环境达到和谐统一，真正实现健康生活。

4. 文化研修型

在欧洲，文化休学是旅游的一种重要形式，它甚至超过了观光休闲游的比例。近年来，我国的休学旅游也正在悄然兴起，对于茶，一些爱好者和发烧友不再满足于口腹之欲，很多人深入茶山一探究竟，了解其中奥秘。每年的普洱茶采制时节，大量的茶客涌入茶山，相应的普洱茶研修班也成为普洱粉丝的热门选择。

武夷山不仅有秀美的风光和深厚的文化底蕴，还出产高品质的岩茶和小种红茶，"千载儒释道，万古山水茶"是对武夷山的最好写照。每年4—5月茶季和11月茶博会期间，大批的武夷茶粉丝来到武夷山，通过走访顶级岩茶产区——三坑两涧，顶级红茶产区——桐木关，在感受山川秀美的同时认知茶园环境；体验做青，感受武夷山做茶时节整个城市浸在茶香中的美好，了解一泡茶的前世今生与来之不易。11月茶博会期间，精工细作的武夷岩茶耗时近半年终于面世，大家又开始切磋当年的茶叶品质，本地人忙着斗茶，商客忙着挑茶，通过对比品鉴不同山场、不同品种、不同制茶师的岩茶，让你完全被岩茶俘获，会

■ 蒙顶山茶旅——四川雅安

被其中千变万化的香气和层次丰富的滋味所吸引。自2016年中国茶叶学会首届岩茶研修班拉开帷幕以来，武夷山各种茶叶研修班已成燎原之势，人们对茶的热情也一次一次被激发。

近几年来，茶文化旅游似小荷初露，但蕴含朝气，各地兴建的茶旅小镇、茶主题庄园、茶主题酒店等，打造的茶叶节、祭茶节、茶旅节、茶博会等都吸引了众多目光。但作为旅游大军中的一支新军，茶文化旅游仍处于初级探索阶段，多数企业仍是以茶带旅，茶旅的支出仍需要靠茶叶的销售来补充。但我国茶旅已蓄势待发，未来值得期待，相信在不久的将来，它将真正成为我国旅游队伍中一支高质量、高品位，且极具中国特色的旅游分支。

阅读链接1：

径山茶宴

径山茶宴是径山寺接待贵客上宾时的一种大堂茶会，是独特的以茶敬客的庄重传统茶宴礼仪习俗，是我国古代茶宴礼俗的存续，也是我国茶俗文化的杰出代表。径山茶宴起源于唐朝中期，盛行于宋元时期，后流传至日本，成为日本茶道之源。

径山茶宴由张茶榜、击茶鼓、恭请入堂、上香礼佛、煎汤点茶、行盏分茶、说偈吃茶、谢茶退堂等十多道仪式程序，在整个过程中，贯穿着大慧宗杲的"看话禅"，师徒、宾主之间用"参话头"的形式问答交谈，机锋禅语，慧光灵现。以茶论道，以茶播道，是径山茶宴的精髓所在。2011年，径山茶宴列入第三批国家级非物质文化遗产名录。

(资料来源：余杭晨报)

阅读链接2：

世界茶旅联盟

世界茶旅联盟于2016年4月29日成立，由峨眉山牵头国内著名茶旅景区——黄山、庐山、武夷山、西湖，以及中茶集团、欧洲欧荣集团、韩国光州大学，还有我国香港、台湾的旅游企业，共同发起成立世界茶旅联盟，并永久落户峨眉山。马元祝任世界茶旅联盟首届主席。

该联盟旨在推动世界茶业与旅游业界的合作交流与融合，培育茶旅产业新业态，推进茶旅产业的转型升级，实现茶旅产业的"互动融合，共襄发展"。合作内容包括：积极推动茶旅文化、茶旅健康、茶旅体验的有机融合；引领倡导自然、生态、健康、文明的茶旅新风尚；以茶文化为主线，茶品牌为重点，精心包装和推介世界各国的茶旅精品线路；整合产业资源，实现跨界联合，打造茶旅融合的新兴经济体，培育茶旅产业新业态；同时开展以茶为主题、文化传承为目的、健康生活为核心的茶旅学术研讨交流活动。

（资料来源：四川在线）

阅读链接3：

2017年茶旅精品线路

(1)四川峨眉山旅游股份有限公司设计的"快时代·慢生活——峨眉山乐山大佛茶文化之旅"被评为"最佳观光休闲茶旅线路"。

(2)河南焦作云台山旅游发展有限公司设计的"一缕菊香·悠然生活——云台山茶文化之旅"被评为"最佳山水诗情茶旅线路"。

(3)四川省峨眉山市旅游局设计的"问茶峨眉·禅释仙山——峨眉山禅茶文化体验游"被评为"最具禅意美茶旅线路"。

(4)安徽谢裕大茶叶股份有限公司设计的"谢裕大·黄山寻茶之旅"被评为"最经典美景佳茗茶旅线路"。

(5)辽宁千山旅游集团有限公司设计的"千山禅茶·辽宁养生之旅"被评为"最佳康养品茗茶旅线路"。

(6)四川捷为世纪旅游发展有限公司设计的"赏花品茗·穿梭亿年——主题茶旅线路"被评为"最具人文情怀茶旅线路"。

(7)福建厦门旭景佳期旅行社有限公司设计的"华安土楼茶文化之旅"被评为"最具民俗特色茶旅线路"。

(8)云南昆明滇彩国际旅行社有限公司设计的"森林茶园·绚丽风情——西双版纳精品茶旅线路"被评为"最具民族风情茶旅线路"。

（资料来源：茶语网八大茶旅游精品线路投票结果）

第二章 茶文化旅游设计与开发

一、茶文化旅游分类及特色

　　茶文化旅游是指茶业资源与茶文化旅游进行有机结合的一种旅游方式。它是将茶叶生态环境、自然资源、茶叶生产、茶文化内涵等融为一体进行旅游开发。其基本模式是以清净雅致的自然环境为依托，以茶区生产为基础，以茶区多元化的生态景观和特定茶叶文化内涵为条件，以丰富多彩的民俗活动为内容，进行合理的规划设计，将观光、购物、体验、休闲、求知等旅游功能融为一体的一种新型的旅游产品。茶文化又是旅游文化的重要组成部分，茶与山水、宗教、民俗、烹饪、诗书画、歌舞戏曲、工艺美术有着密切关系。茶文化旅游资源包含3个层面的资源特性，即文化景观层面、文化风情层面和文化艺术层面，茶文化旅游具有休闲性、自然生态性、文化性、参与性与多样性的特征。从文化学的角度看，茶文化旅游承担着对我国传统茶文化进一步发掘、继承与弘扬的重任。从经济学的角度看，开展茶文化旅游，有利于拓展旅游市场和发展茶业经济。从生态环境意识角度看，开展茶文化旅游，可提高游客的生态与环保意识，有利于生态旅游的可持续发展。从社会学的角度看，开展茶文化旅游，可发挥茶文化广泛而深刻的社会功能。换一种通俗说法，人们旅游就是出去看看自然风景，体验一下地方风土民情，在此过程中获得新的知识，得到心灵的净化与放松，达到一种健康的生活状态。因此，根据我国现有茶旅游资源和人们旅游的目的把茶文化旅游分为：自然景观型、茶乡特色型、新农业生态型、人文考古型、修学求知型、养生保健型。

1. 自然景观型

我国在开发旅游事业之初，主要是以风景秀丽的名山大川为主要旅游资源。随着旅游事业自身的不断发展，这些景区单一的旅游产品无法满足人们日益增长的旅游文化需求，面对高层次、多元化的旅游市场的变动，原本开发较成熟的旅游区纷纷开始改造第一代以观自然风景为主的旅游产品，设计开发内容丰富、形式多样、参与性强的第二代、第三代旅游产品。杭州是以西湖景区而闻名的旅游城市，近年来以"茶为国

■ 中国茶叶博物馆

饮，杭为茶都"品牌打造杭州成为具有茶元素的旅游景区，让杭州这个具有优越的自然条件与悠久的茶史文化更加具有旅游城市的魅力。2016年9月的G20会议上，茶以各种形式向来自世界各国的参会者们传递着友好、和平和包容的中国文化。杭州所以成为名副其实的茶文化旅游城市主要体现在以下几方面：①兴建茶叶博物馆。中国茶叶博物馆是中国唯一的茶文化专题博物馆，设有茶史、茶萃、茶事、茶具、茶俗五个展厅，分别是"茶的历史""饮茶风俗""茶具艺术""名茶荟萃""茶健康"五个专题。②筹建梅家坞休闲旅游——茶文化村落景观小区。包括乡村茶文化旅游中心、茶乡新农家休闲旅游区、小牙坞自然茶园风光区、天竺坞壶中天地休闲度假区等八大旅游区域。③打造杭州第一个国际茶村并在此举办2016杭州茶文化博览会，龙坞茶村目前是以茶文化休闲为主的农家旅游点，这里的农居集茶园、竹园、菜园、花园、庭院为一体，为世界各地的游客提供"独家独院"的休闲方式，让来此的游客体验住农家屋、吃农家饭、品农家茶的乐趣。④每年春季举办中国杭州西湖国际茶文化博览会，及杭州国际茶文化旅游节。⑤导游培训中增加龙井茶文化的专题讲座。⑥饮食上推出了"龙井茶宴"。许多宾馆、饭店相继研发、推出特色的茶菜、茶点和茶宴，丰富了茶旅游的内容。除杭州市外，黄山市政府基于黄山有多种历史名茶，把茶业立为该市支柱产业之一，并将茶文化作为地方特色旅游资源加以开发。1998年规划建设了立体的生态茶公园，兴建了茶文化特色街，开辟了"茶家乐"旅游专线，打造紧随时代发展的旅游城市新形象。

2. 茶乡特色型

我国的茶叶产区虽然并不都是名胜，但胜在环境优美。一些产茶县意识到文化对经济的带动作用后，纷纷把眼光投向茶文化事业上来。茶文化历史资源经过创新发展，再注入旅游的新鲜活力，呈现出茶文化与茶产业双赢的局面。以武夷山景区为基础而打造的茶文化旅游。武夷山拥有丰富的茶文化资源，茶文化古老而又纯朴，作为一种旅游资源已逐渐受到人们关注，发展茶文化旅游独具优势。目前，武夷山茶文化正在以全方位形式不断丰富：征集茶故事和茶论文，整理茶歌舞，挖掘茶文化，建设和丰富茶建筑(如武夷山茶博园、大红袍博物馆等)。品茗闻

■ 武夷山茶博园景色

香、欣赏茶艺表演、吃茶宴，这些已成为游客游览武夷山的一大快事。积极建设中国的茶文化艺术之乡，积极开展或参加以茶文化为主题的节庆活动。坚持茶旅并进、茶旅共进，实现茶旅互动，以旅带茶，以茶促旅的营销方式。随着武夷山旅游业的蓬勃发展和营销宣传工作的不断开展，旅游态势发展越来越好。在不断扩大的武夷山旅游客源市场中，大红袍线路旅游的客源市场也越来越广，游客来自美国、意大利、新加坡等10多个国家及我国的港澳台地区，且人数逐年增多。为打造茶旅相结合的茶乡旅游产品，武夷山景区已向境内外旅行社推出"游中国茶乡，寻茶道之源""台湾冻顶乌龙茶寻根之旅""茶文化休闲之旅""健康养生之旅""武夷山生态环保之旅"等数条围绕"茶"主题的旅游线路。

茶产业是信阳地区的重要产业之一，在茶乡旅游开发与建设工作中，当地政府除了提供政策支持，还加大了资金的投入，为提高信阳茶乡特色旅游的开发与建设保驾护航。利用鸡公山、南湾湖及附近产区开展山水茶，利用灵山寺、净居寺等宗教圣地开展禅茶文化游。在旅游活动中，开展游客参与式项目，例如体验茶风俗、欣赏茶艺歌舞、现场学茶艺、猜茶谜、听茶戏、吃茶宴等。连续25年举办的信阳文化节成为了拓宽贸易、招商引资、发展旅游、形象展示的优质平台。举办关于茶文化旅游园项目的研讨会，开展信阳手工炒茶大赛并为毛尖炒制技艺成功申报国家级非物质文化遗产。近年来，在当地政府引导下，信阳多个茶产地采用"旅游＋茶产业"模式进行精准扶贫，带动茶农开办采茶游、农家乐，吸引数万国内外游客观光旅游消费，有力推动了当地茶乡建设与发展。

3. 新农业生态型

生态旅游是旅游类型中比较新的一类，但发展空间很大。世界旅游组织认为，目前生态旅游收入占世界旅游业总收入的比例为

15% ～ 20%。据估算，生态旅游年均增长率为20% ～ 25%，是旅游产品中增长最快的部分。新农业生态旅游是生态旅游的一个重要领域。新农业生态旅游资源可以是自然环境、生态资源、生产资料、生产活动、乡土文化和生活方式等方方面面。新农业生态型更强调的是多个农产品的组合，与茶乡特色型的区别在于不仅仅只有以茶为主题的元素，还应有其他的农作物所营造的文化氛围，这是一种复合的、有时是人为营造的一种农业生产的场景，这种有着较原始风格的生产活动对生活在现代都市的人们有更大的吸引力。在我国，农业生态旅游是旅游事业一个新的发展领域。存在的问题表现为，对生态旅游的理解停留在到自然中参观的低水平层面或者单一的层面，忽略文化环境，忽略整体和谐的理念，也较少考虑到可持续发展的远景，在发展的过程中，对自然环境造成不同程度的破坏。在我国，一些种茶的地方发展茶文化生态旅游是很好的选择。永川是重庆西部的地区性中心城市，历来是重庆西部和川东南地

■ 永川市茶山竹海景色一角

区重要的物资集散地、文化教育中心。永川境内箕山山脉是我国古老的产茶区，箕山上现存的2万亩*连片茶园，规模居亚洲第一，5万亩竹海与2万亩的连片茶园相互映衬，融为一体，形成独特的茶竹旅游景观，景区内有集休闲、观光为一体的大型观光茶园——中华茶艺山庄，游客可以在此观赏传统的茶艺、茶道表演，亲自参与采茶、制茶，品尝当地名茶——永川秀芽以及竹系列的特色菜肴，在茶展览馆里领略茶的起源、茶的品种和茶文化知识。永川市的茶山竹海景区这一主题发展较好。目前在茶山竹海已成功举办了多届茶竹文化旅游节。广东梅州雁南飞茶田度假村将"茶田风光、旅游胜地"定为发展方向，把昔日的荒山野岭变成集农业生产、参观旅游、度假娱乐于一体的新兴旅游胜地。通过茶叶种植、加工、茶艺、茶诗词等形式营造了浓厚的茶文化氛围，将当地的客家文化融于其中，既有自然风光，又有农业开发、度假功能。作为生态旅游的新型旅游资源，农业生态型茶文化旅游景区很好地利用了农业资源，把握顾客心理，根据市场需求和自身资源特点，深入挖掘茶文化内涵和特点，形成了内容丰富的高参与度旅游产品。新农业生态旅游型是生态旅游中文化品位最高的旅游资源，此类产品的开发设计应有别于普通农业旅游产品，它是与其他的产品相结合，共同开发，在构建茶文化生态旅游的同时丰富农业旅游产品内涵，促进整个农业旅游的发展。

4. 人文考古型

茶文化的形成历史悠久，茶与宗教的关联、茶人的逸闻趣事、具有考古价值的茶具、茶文化的交流传播并不受产茶与否的限制。茶在每个时代几乎都与一种或几种艺术形式相结合，呈现美的特征。这类资源多

---

*亩为非法定计量单位，1亩＝1/15公顷。——编者注

是精神的、无形的，具有较高的文化品位。与观光型和生态型相比，这类旅游资源能更好地满足人们旅行时增长见识、文化寻根、体会异样文化的需求。浙江长兴所拥有的茶文化旅游资源是独特丰富的，顾渚紫笋茶、大唐贡茶院、陆羽传说等，周边区域都是不能比拟其特有性和影响力。长兴的茶文化历史悠久、底蕴深厚。顾渚山出产的紫笋茶、贡茶历史悠久，唐代在此建造了中国历史上首座茶叶加工厂——大唐贡茶院，持续作贡达800多年，其遗址现也得到修复，是国家重点文物保护单位。茶圣陆羽曾在这里研究茶道并编撰第一部茶学专著《茶经》，对中国茶文化的传承和发展影响至深。长兴顾渚山茶的飘香也吸引了颜真卿、杜牧、张文规、韩允寅、汪藻、史袁高、于頔、裴汶等众多文人墨客在此品茶，并在此地形成了世界第一个饮茶圈。这些文人墨客除了品茶外，还在此作诗、题字，保留至

■ 法门寺出土的茶笼子

今的三组九处摩崖石刻就是最好的佐证，这些茶文化遗迹都成为可供直接开发的茶文化旅游资源。长兴的紫笋茶（国家级名茶，获中国国际茶业博览会金奖）、金沙泉与紫砂壶一起享誉中外，成为海内外茶人所推崇的"品茗三绝"。这"三绝"从唐代开始就是皇家贡品，一直到今天在中国茶文化界仍然独占鳌头，具有深厚的历史积淀。2008年，国际茶文化研讨会在长兴举行。长兴的熏豆茶、吃讲茶、打茶会等产品和风俗伴随着茶的发展和茶文化的沉淀而持续近千年，在民间为长兴茶文化的传承

和发展起到了很好的推动作用，现这些以茶为主题的风俗都成为独特的茶文化旅游资源。1987年，从陕西扶风县法门寺地宫出土了一系列唐代宫廷金银茶具，这套茶具包含有茶笼子、茶槽子、茶碾子、茶匙和茶罗等。此为证实唐代茶文化及宫廷茶道的存在提供了珍贵的实物资料。由此法门寺博物馆开创了"法门学"研究，并通过举办学术研讨会、建立"茶文化历史陈列厅"、恢复"清明茶宴"、编排"宫廷斗茶"表演的方式把法门寺茶文化旅游办成具有极高文化品位的茶旅游产品。

5. 修学求知型

自唐代我国茶文化鼎盛繁荣以来，茶文化通过宗教、贸易等形式传播到世界各地，其中尤以当时的日本和朝鲜更甚，并在这两个国家分别形成了自己的茶文化，而其茶文化的源头均来自中国。因此，每年都有来自日本和韩国的游客专程赶赴我国茶文化的一些景观地进行修学游。此类地点诸如浙江余杭的径山、台州的天台、陕西扶风的法门寺等。另

■ 茶学培训现场

外，由于同样具有茶文化的背景，韩国、日本的一些茶文化爱好者和茶界人士时常赶赴中国学习茶艺、进行茶叶审评等活动。在我国实行职业资格认证制度以后，更有不少韩国和日本的进修者专门参加茶艺师和评茶员的培训和考试，这些活动在近四五年间愈加频繁。在杭州的中国农业科学院茶叶研究所、浙江大学茶学系和中国茶叶博物馆都曾多次组织过此类培训。2018年1月，由中国农业科学院茶叶研究所和中国茶叶学会联合举办的茶叶审评师资培训，来自国内15个省市以及韩国的45名学员参加了此培训。这些游学者在学习的过程中往往伴有访问当地旅游景点尤其是与茶相关的景点，这些旅游活动被称作修学求知游，是新兴的一种茶文化旅游形式。这种旅游形式目的性强，旅游地以学术发达的茶文化研究单位所在地为主，多为外国游客，在未来将会有良好的发展空间。而发展此类旅游的一个重要问题是如何解决好培训进修和住宿、出行、饮食。仅就培训而言，面对国外游客，讲述中国的茶文化就绝非简单的外语翻译及普通茶文化学者所能胜任。而旅游者游学期间承受学习压力的情况下，能否解决好饮食、住宿和出行将会影响到旅游的满意度。

6. 茶养生保健型

随着茶文化旅游的发展以及茶独特的养生功效，造就了茶与养生旅游结合的必然性。茶是一味中草药。我国众多古籍中有关茶叶保健功能的论述很多，比如，汉代《神农本草经》曰："茶味苦，饮之使人益思，少卧，轻身，明目。"华佗在《食论》中说："苦茶久食，益意思。"唐代陆羽在《茶经》中说："茶之为用，味至寒，为饮最宜。精行俭德之人，若热渴凝闷。脑疼目涩，四肢烦，百节不舒，聊四五啜，与醍醐甘露抗衡也"，等等。现代科学研究表明，茶叶中含有320多种(类)化学成分，其中比较重要的有茶多酚、咖啡因、茶氨酸、维生素、叶绿素、挥发油、蛋白质、糖

■ 铁观音茶汤

类等。茶的色泽、香气和滋味则是茶叶中所存在的化学成分综合配比的结果。茶叶中的茶多酚能降血脂、降血压、抗血栓、防治心脑血管疾病；提高身体免疫力，抗病毒，延缓衰老；调节肠道菌群，通便排毒，防治慢性结肠炎；减肥轻身，美容祛斑；抗肿瘤，能显著提升放化疗病人的白细胞和血小板数量；治疗慢性肾炎，防止发生尿毒症；有效防护身体免受电脑、手机辐射的危害。茶叶中的咖啡因、茶碱、可可碱属于嘌呤类化合物，它们都是黄嘌呤的甲基衍生物，有使神经中枢兴奋的作用，因此喝茶可以提神。这三者还可以提高肾小球的利尿作用，消除支气管痉挛，因此可以利尿平喘，同时还可以增强心脏的功能，促进胃液分泌，帮助消化，起到消食除腻的作用。茶叶中的茶多糖具有防辐射、抗凝血及抗血栓、降血糖、增强机体免疫功能等作用，还可以改善造血功能，保护血象，降血压及减慢心率，耐缺氧，增强冠状动脉流量。茶叶中的维生素种类也很多，喝茶还可以补充人体所需要的维生素，等等。这些都是说茶叶含有这些特殊的化学成分，所以才有这些药理功效。

茶文化所倡导的"和、敬、清、寂""美、和、敬、廉""清、敬、怡、真""静、美"的精神与境界，是最好的心理疏导与减压的方法。茶空间本身就是一个健康休闲场所。茶室、茶楼、茶园为人们提供了宁静、优雅、友善、健康的环境。茶是一种交流的媒介。茶不仅是人与人之间交流的媒介，也是人与自然交流的媒介。喝茶中蕴含平等的思想，大家围坐一起，每人喝的茶均从公道杯倒出。茶性平和，饮茶之人在饮茶时能够感受到轻松、平和的氛围。饮茶能使人保持一种清醒自然的状态，使人与自然进行精神交流。传统儒士多饮茶，就是在饮茶时感受和谐的意境。儒家把这种思想引入茶文化中，主张在饮茶中沟通思想，创造和谐氛围。在茶文化中，饮茶是与自然的直接交流，从茶汤的品尝中感受到大地山川等自然之物的奇妙，从而领悟自然之真谛，享受人与自然相互交融的精神境界。

茶养生旅游是将茶与养生旅游结合起来的新的旅游类型。以养生旅游为主线，将茶文化融入其中，充分发挥茶的文化内涵和养生功效。茶养生旅游是将茶业资源与养生旅游资源有机结合，进行综合开发和深度开发的新型项目。目前国内学术界关于茶养生旅游的研究刚刚起步，对于茶养生旅游的相关概念和产品形式都没有明确定义，理论研究主要集中于茶文化旅游方面，包括茶旅游资源的开发、旅游产品设计。实践研究主要为区域茶文化旅游研究，包括各个主要茶产地的茶旅游开发策略、开发模式，以及一些专项旅游研究，深入细致的案例研究少，缺少深层次的解释分析。将茶、养生、旅游三者结合在一起研究还不多见，业界与学术界对这一领域的关注将会成为推动其发展的动力。

在现实发展中，某个地区的茶文化旅游往往集中了多种形式，或者某个主题某条专线的茶文化旅游涵盖了若干个地区。而这样的结合正是为了满足旅游者在旅游活动中的多种需要，为了提升旅游产品价值才出现的。茶和旅游的结合，不仅是旅游领域的拓展，也给茶在现代社会找到了新的文化表现形式。当诗词歌赋等文学形式不再被人们熟练掌握时，旅游给茶文化的表达提供了一种新的选择。

从旅游经济学的角度讲，吸引游客进行旅行活动的是一个地区的旅游资源。而这种旅游资源无论是有形还是无形，都必须具有独特性和观赏性。换言之，旅游资源与其他资源的区别在于它们给游客以符合生理、心理需求的美的享受，使人们的精神、性格、品质等在最有美质的旅游资源中找到对象化的表现。审视一个地区茶文化旅游资源时，独特性和观赏性是非常值得重视的。一件完善的旅游产品是旅游管理者凭借旅游资源、旅游设施和旅游交通，向旅游者提供用于旅游活动综合需要的服务总和，是一个整体的概念，因此，单纯的茶文化资源尚不足以发展茶文化旅游。我国不少茶区处于偏远山区，交通不便，信息闭塞，这是发展旅游的不利条件。由于茶叶的自然属性决定了茶事活动往往集中在每年的一定时期，在此之外的时间，旅游的配套设施极有可能陷入闲置，这也是开发茶文化旅游所要考虑到的。开发一个地区的茶文化旅游产品，如果缺乏科学的规划、旅游设施的数量、档次或布局不合理，或者对茶文化资源的定位不准确，茶文化特征不鲜明，即使在短期内产生一些经济效益，也无法实现当地旅游的长久发展，甚至还破坏当地的茶文化资源，因此在决策之初须慎之又慎，在发展规划时更要务实科学。

目前，我国茶文化旅游正进入一个较新的发展阶段，发展茶文化旅游应该多考虑如何与本地其他旅游资源良好地整合，既要突出茶的特色也要保证旅游产品的丰富完善性，我国的茶文化旅游事业才可能真正健康地壮大起来。

二、茶文化旅游线路设计

（一）茶文化旅游设计基本原则

旅游的过程实质上是人们利用休闲时间回归自然，体验生活，并从不同角度去审美的过程。茶文化旅游线路设计的基本原则有以下六点：

（1）以满足游客需求为中心的市场原则 旅游线路设计的关键是

适应市场需求,具体而言,即必须最大限度地满足旅游者的需求。旅游者对旅游线路选择的基本出发点是:时间最省,路径最短,价格最低,景点内容最丰富、最有价值。由于旅游者来自不同的国家和地区,具有不同的身份以及不同的旅游目的,因此,不同的游客群有不同的需求。例如针对青少年和大学生推出茶园观光生态游、针对中老年人群推出茶品保健游、针对爱美女性推出休闲塑身茶旅等。

(2)独一无二的特色原则　由于人类求新求异的心理,单一的观光功能景区和游线难以吸引游客回头,即使是一些著名景区和游线,游客通常观点也是"不可不来,不可再来"。因此,在产品设计上应尽量突出自己的特色,唯此才能具有较大的旅游吸引力。国内一次抽样调查表明,来华美国游客中主要目标为欣赏名胜古迹的占26%,而对中国人的生活方式、风土人情最感兴趣的却达56.7%。民俗旅游正是一项颇具特色的旅游线路,它以深刻的文化内涵而具有沁人肺腑,震撼心灵的力量。如云南的少数民族风情旅游线路:昆明—大理—丽江—西双版纳旅游线路展现了我国26个少数民族绚丽的自然风光,具有浓郁的民俗文化和宗教特色。如古老的东巴文化,大理白族欢迎客人寓意深长的"三道茶",纳西族妇女奇特的服饰"披星戴月"装等,这些都以其绚丽多姿的民俗文化魅力深深吸引着中外游客,令其流连忘返。这些旅游线路和旅游项目在世界上是独一无二的,具有不可替代性。

(3)生态效益原则　生态旅游的产生是人类认识自然、重新审视自我行为的必然结果,体现了可持续发展的思想。生态旅游是经济发展、社会进步、环境价值的综合体现,是以良好生态环境为基础,保护环境、陶冶情操的高雅社会经济活动。生态旅游是现代世界上非常流行的旅游方式,在国外尤其是美国、加拿大、澳大利亚以及很多欧洲国家已经发展非常成熟。其所提倡的"认识自然,享受自然,保护自然"的旅游概念将会是21世纪旅游业的发展趋势。有专家认为，草原、湖泊、湿地、海岛、森林、沙漠、峡谷等生态资源和文物一样，极易受到破坏，并且破坏了就不能再生，甚至可能在地球上消失。除了景区采取限制人数以外，部分旅行社也纷纷设计出生态旅游线路。如北京的一家名为绿色地带生态旅游咨询公司煞费苦心地设计出几条生态旅游路线，并严格采用国外的生态旅游办法规章。例如限制人数、讲解生态知识、旅游途中的允许操作行为、特殊路线安排等。

（4）旅游交通安排合理的原则　一次完整的旅游活动，其空间移动分三个阶段：从常住地到旅游地、在旅游地各景区旅行游览、从旅游地返回常住地。这三个阶段可以概括为：进得去，散得开，出得来。没有通达的交通，就不能保证游客空间移动的顺利进行，会出现交通环节上的压客现象，即使是徒步旅游也离不开道路。因此在设计线路时，即使具有很大潜力，但目前不具备交通要求或交通条件不佳的景点，景区也应慎重考虑。否则，因交通因素，导致游客途中颠簸，游速缓慢，影响旅游者的兴致与心境，不能充分实现时间价值。

（5）旅游产品推陈出新原则　旅游市场在日新月异地发展，游客的需求与品位也在不断地变化、提高。为了满足游客追求新奇的心理，旅行社应及时把握旅游市场动态，注重新产品、新线路的开发与研究，并根据市场情况及时推出。一条好的新线路的推出，有时往往能为旅行社带来惊人的收入与效益。即使一些原有的旅游线路，也可能因为与当前时尚结合而一炮走红。

（6）行程安排机动灵活原则　一条好的旅游线路就好比一首成功的交响乐，有时是激昂跌宕的旋律，有时是平缓的过度，都应当有序幕、发展、高潮和尾声。在旅游线路的设计中，应充分考虑旅游者的心理与精力，将游客的心理、兴致与景观特色分布结合起来，注意高潮景点在线路上的分布与布局。旅游活动不能安排得太紧凑，应该有张有弛，而非走马观花，疲于奔命。旅游线路的结构顺序与节奏不同，产生的效果也不同。

（二）茶文化旅游路线设计实例

在旅游胜地，尤其是祖国南方，茶园成片，茶馆密布，特别是各地观光茶园、茶博园、茶文化馆的兴建，让游客在游玩间隙品茗畅谈，了解当地的人文和茶史，体验采茶、制茶的乐趣，这无疑为旅游平添了游兴。茶文化的旅游路线设计就是在旅游开发过程中将旅游者的参与融入设计中，以茶园及其环境作为布景、旅游服务作为舞台、商品作为道具，使游客在旅游活动过程中获得完美心理感受的一种旅游开发、设计过程。其中最关键的是确定体验主题、构筑体验平台。不同主题和我国特有茶资源设计如下几个路线：西南茶探源之旅、华东绿茶之旅、乌龙品茗之旅。

1．西南茶探源之旅

（1）**西南山区古茶树**　我国西南山区是茶树的原产地。那里既有起伏的群山，又有纵横交错的河谷，数万年前，地球上的茶树原种就在西双版纳及其周边地区演化而成。这一地区属热带雨林，以"植物王国"著称于世，至今仍古木参天，青藤缠绕，生长着野生植物和珍稀树种 4 000 多种，形成了十分壮观的绿色自然群落。在这绿色世界中，每每还能发现古老的野生大茶树。布朗山古茶区的布朗山是勐海县生态环境最好的乡，是中国唯一的布朗族乡。布朗族是勐海县的土著居民，凡是布朗族居住地都是古茶树资源丰富地区，形成"濮人种茶"现象。云南茶学专家、历史学家、民族学家考证布朗族是云南省最早种茶的民族。据悉，那里古茶树面积达 3 205 亩。除此之外，在云南省哀牢山千

■ 云南古茶树

家寨有一株茶树树龄高达 2 700 余年，这些古茶树与原始森林中的其他古树长期共生相处，每年都吸引来数以万计的游客，他们站在这些野生大茶树下，望着千年古树，沉醉于大自然中，欣赏着美妙的苍山翠岭，尽情地领悟种种野趣。游客们在休息时品上几口"滇红"，真是"古树美景互交融，天堂人间此相逢"。

（2）茶马古道　茶马古道源于唐宋时期，是内地与藏区茶马贸易的古代交通线路。茶马古道存在于中国的西南地区，以马帮为主要交通工具，是中国西南民族经济文化交流的走廊及民间国际商贸通道，也是一个非常特殊的地域称谓，同时也是一条世界上自然风光最壮观、文化最为神秘的旅游精品线路，蕴藏着开发不尽的文化遗产。茶马古道主要有川藏、滇藏两条线，全长数千公里，穿行于著名的横断山脉，有让人神往的贡嘎山、亚丁雪山、梅岭雪山，有著名的金沙江、澜沧江、怒江等，更有著名的德格印经院、藏传佛教寺庙塔林、年代久远的摩崖石刻、古色古香的唐卡壁画和芒康古盐井等文化宝藏。茶马古道有雪山、峡谷、草原，被称为世界上唯一的、综合性的地质博物馆，集险、竣、奇、伟、秀为一体，专家评估这是条世界级的旅游线路。通过茶马古道，内陆的茶叶、茶文化向边疆各族传播，加强了各民族之间的经济文化交流，增进了团结和友谊。通过茶马古道，中国茶叶首次向西亚、北亚和阿拉伯地区传播，西方世界也第一次品尝到了来自神秘东方的嘉禾。

■ 茶马古道上的马帮

2. 华东绿茶之旅

（1）**虎跑神泉龙井爽**　西湖是杭城一颗璀璨的明珠。西湖之美，一是山，二是水，群山环抱，碧水相照，可谓之湖观山，青山起伏；山望湖，碧波荡漾。在西湖的群山中有很多名泉：灵隐的冷泉、栖霞峰的白沙泉、白鹤峰的虎跑泉、龙井泉等，其中最著名的要数虎跑泉。泉流

■ 白鹤峰的虎跑泉

铿锵，泉水甘甜，是吸引游客的著名景观。据传说，虎跑泉是南岳衡山的仙童化虎搬运而来的，缺水的大慈山忽有清泉流出，天上人间都为之欢呼赞叹，此传说颂扬了高僧开山引泉、造福百姓的功德。而产于西湖一带的龙井茶已有1 200余年历史，是我国最著名的绿茶，以其色泽翠绿，香气浓郁，甘醇爽口而驰名天下。"龙井茶、虎跑泉"被誉为双绝，古往今来，游客至此，无不品尝其茶以助游兴。相传清乾隆皇帝巡游杭州时曾亲自采茶，所采茶叶带回京城，备受皇太后赞赏，乾隆即传旨封胡公庙前茶树为"御茶树"，每年进贡供皇太后享用，这18棵茶树被当地人称为"十八棵御茶"。

（2）**虎丘石泉碧螺美** 苏州园林是江南园林艺术的精华。它讲究清幽、明净、精巧、秀丽，园中山石林立，点缀树花，巧建亭榭，富有诗情画意。虎丘石泉位于苏州阊门外西北山塘街，这里有一口古井，四面石壁，井下

■ 苏州虎丘石泉

清泉寒碧，终年不断，据传为陆羽当年寓居虎丘时所开凿。碧螺春是我国名茶中的珍品，清康熙皇帝南巡，驾幸太湖，康熙帝取其色泽碧绿，卷曲似螺，春时采制，又得自洞庭碧螺峰等特点，钦赐其美名，从此以"形美、色艳、香浓、味醇"而闻名于世，并成为朝廷的贡茶。如今，每到采茶季节，茶区春意盎然，满山苍翠，香飘千里。香茶、甘泉、美景编织了一幅美丽的画卷，可谓"人见不走，鸟见不飞"。

（3）皖南美景毛峰醇　安徽皖南是中国乃至世界著名的旅游风景区，黄山、九华山的美景享誉天下。黄山以"灵秀奇妙的山石，苍劲多姿的青松，变幻无穷的烟云，清纯醇柔的温泉"四绝闻名天下，在黄山区域内，西递、宏村的古民居建筑，道教圣地齐云山也是旅游的好去处，这些天下奇观引来了四方游客。黄山及其周边的歙县、黄山区、黟县等均是全国产茶大县，这里山峦绵延起伏、生物多样、自然植被层面

■ 黄山慈光阁

多，降水充沛，茶树栽培历史悠久，制茶技术精湛，名茶辈出，有"黄山毛峰""太平猴魁""祁门红茶"等。黄山毛峰产于黄山区的桃茶庵、松谷庵、云谷寺、慈光阁及歙县东部、黟县的部分地区。这里茶区山高林密、云雾飘逸，土壤含有丰富的有机质，适宜茶树生长。这一景区民间素有"客来敬茶"之习俗，游客可饮着茶乡的水、闻着茶山的香，领受着茶区人民的深情厚谊。

（4）茅山秀丽雀舌鲜　位于江苏省句容的茅山自然风光清新秀美，山区形胜独特，枝繁叶茂，景色迷人，自古就有九峰、十九泉、二十六洞、二十八池之美景。茅山是闻名于世的四大道教名山，被道教列为"第一福地，第八洞天"。相传汉元帝初元五年，茅氏三兄弟来茅山采药炼丹，济世救民，被称为茅山道教之祖师，后齐梁隐士陶弘景集儒、佛、道三家创立了道教茅山派。民国初年，爱国民主人士纪振纲先生以发展茶叶为己任，走实业报国之路，当时所生产的旗枪茶享誉沪宁线一带。他利用自己合法身份与日伪展开回旋和斗争，并配合陈毅元帅等革命先辈在此与敌开展游击战，谱写了许多可歌可泣的抗日诗篇，也使茅山成为我国著名的六大抗日根据地之一。早在隋朝，茶叶已成为该地区特产之一，如今金坛雀舌、茅山青锋、茅山长青等已成为该地区名茶的代表。苏南最大的茶主题公园茅山茶博园邻茅山而居，游客在品名茶、赏茶艺之余，购买若干带回续饮或馈赠亲友，让这灵山好运传遍祖国乃至世界。

3．乌龙品茗之旅

（1）武夷峻岩红袍奇　已列入"世界自然和文化遗产"名录的武夷山有三十六峰、九十九岩，溪流九曲，环流其间，构成山乡水国，具有独特、稀有、绝妙的自然景观，遥看峰峦，千变万化，水上观岩洞，洞中藏飞泉。武夷大红袍早春萌发时，远望其芽叶艳红似火，如红袍加身。长于岩壁的6株已有300多年树龄的"大红袍"母树是中国茗苑中的奇葩，乃岩茶之王，叶色深绿带紫。茶树全靠石缝沁出的泉水滋润，需架云梯攀登采摘，为稀世珍宝。这里绿树丛生，青枝招展，清泉飞泻，帘白银珠，随风飘射。武夷大红袍品质特优，制作工艺精湛，干茶香气浓郁，饮后齿颊留香，经久不退，其品质享誉天下，恰似为武夷新郎扯上了一件招蜂引蝶的"大红袍"，吸引着来自五湖四海的游人。另外，武夷山茶旅游还有御茶园遗址、水帘洞古代制茶作坊、武夷茶事石刻、宋兵部尚书庞擅吃茶处，以及苏东坡赞颂武夷茶的诗句。

（2）安溪茶都观音韵　安溪是全国著名的铁观音的原产地，该地茶叶生产历史之久、产量之多、制作之巧、质量之高、茶艺之精、饮茶之盛，堪称华夏一绝。在这块飘香的土地上，逐步形成了古老独特、绚丽多姿的茶文化。欲知天下茶，都可在安溪尽览尽阅。安溪全国茶叶批发市场，内有大型展示厅、文化活动中心，是全国少有的大型茶叶集散地。风山公园的"茶叶大观园"则是一部浓缩的"茶叶大百科全书"，种茶、制茶、采茶、茶歌、茶舞、茶艺、茶餐、茶赛、茶史等一应俱

■ 安溪全国茶叶批发市场

全。另外，安溪茶叶公园、生态观光茶园、铁观音发源地遗址等也是不容错过的茶旅景点。

（3）宝岛高山乌龙香　中国台湾是著名的世界旅游胜地，四周沧海环绕，境内山川秀丽，可概括为"山高、林密、瀑多、岸奇"。阿里山为台湾最著名的风景区之一，以"日出、云海、晚霞、森林、铁路"五奇为人所称道，因此有"不到阿里山，不知阿里山之美，不知阿里山之富，更不知阿里山之伟大"的说法。阿里山高山茶平均生长在1 000

■ 台湾阿里山火车和吉野樱

米以上的中海拔低温山坡地，常年云雾缭绕，平均日照短，茶树芽叶苦涩成分降低，进而提高了茶叶的甘味。因日夜温差大的缘故，茶树生长缓慢，茶叶芽叶柔软，叶肉厚实，果胶质含量高。这里所产的茶叶多以山泉水灌溉，其茶不仅质地香醇，入口甘甜润醇，具有浓厚的高山冷冽茶味，堪称世界一等好茶。另外，日月潭的红茶、文山包种茶、东方美人茶都是难得的上等佳品，全岛温泉磺溪密布，具有很高的疗养治病之功效，泡泉品茗好不逍遥！

据国家文化和旅游部有关人士分析认为，茶文化旅游是我国具有世界独特性和垄断性的旅游资源，中国也将成为世界最大的茶文化旅游目的国。除了上述名山名泉名城外，不少茶文化旅游规划相继出台：如中国茶叶、佛教文化及龙井之源（杭州—新昌—宁波），中国茶叶、瓷器、民俗民居和绿茶珍品之地（杭州—景德镇—婺源—南昌），中国茶叶、佛教文化、乌龙茶之乡（武夷山—安溪—潮州）等。近年来，各地陆续兴建了很多特色茶文化旅游项目：如福建漳州天福茶博物院、四川宜宾叙府龙芽科技园、湖北宜昌邓村观光茶园、江苏茅山茶博园等，这些项目的建成无疑把散落在祖国各地的茶文化旅游资源由点而线穿连成面，形成绚丽多彩的茶文化旅游画卷。

三、 茶文化旅游景区开发

茶文化作为一种十分高雅的文化旅游资源，既可以满足现代旅游者对于文化、休闲以及精神层次的需求，又是健康饮品，具有较多的药用价值，满足了现代人的养生需求。我国拥有世界上最为深厚的茶文化，但是仅有为数不多的以茶文化为核心吸引物的高等级旅游景区，且等级参差不齐，这与茶产地的决策者缺少对旅游景区规划建设要求的了解有关。根据有关规定，旅游景区是指经县级以上（含县级）行政管理部门批准成立，有统一管理机构，范围明确，具有参观、游览、度假、康乐、求知等功能，并提供相应旅游服务设施的独立单位。建造旅游景区需满足以下三点基本要求：①旅游吸引物。旅游吸引物是旅游景区的灵魂，体现了景区的主题，是吸引游客前来游玩的主要因素。②配套设施。在景区内完善"吃、住、行、游、购、娱"旅游六要素的配套设施，让游客可以行得畅、玩得好、吃得美、购得愉、住得舒。③相对应的管理体制。每一个旅游景区需要根据自身的条件来设置合理的管理体制，因地制宜，使得景区环境、经济能够实现可持续发展。由于我国茶产地大多注重茶叶生产本身，较少按照旅游景区特别是高等级旅游景区的标准发展茶文化旅游事业，使得我国有影响的茶文化旅游景区稀少，与我国茶文化的国际地位很不相称。据了解，目前我国以茶文化为主题的著名旅游景区有杭州梅家坞茶文化乡村旅游区、武夷山大红袍旅游区、安溪茶文化旅游景区、梅州雁南飞茶田度假村、横县茉莉花茶旅游区、天福茶博物院、中国茶叶博物馆以及河南国香茶城、"中国原生态最美山乡"之称的石台县茶之游等。

1. 杭州梅家坞茶文化乡村旅游区

■ 梅家坞的农家茶楼

梅家坞是著名的龙井茶乡，以其独特的古朴民居和醇厚的茶乡风情，打造成了杭州最富龙井茶乡特色的自然村落和茶文化休闲观光旅游区。拥有周恩来纪念室、乾隆遗迹、十里琅珰、小牙坞等十余处景点，各具特色的农家茶楼遍布全村，品龙井香茶、吃农家土菜、登十里琅珰，尽享茶文化村生态自然之美、农家风情之乐。

2. 武夷山大红袍旅游区

武夷山是世界乌龙茶、红茶的发源地，武夷山大红袍名闻天下，6棵大红袍母树，天下第一蛋"大红袍茶叶蛋"，张艺谋执导印象大红袍实景演出，三坑两涧步行道，岩骨花香漫游道，很多国家领导人、著名人士都留下脚印，猴子采茶传说，书生喝了大红袍高中状元传说，等等，脍炙人口。

3. 安溪茶文化旅游景区

作为全国最大的乌龙茶主产区、世界名茶铁观音的发源地，安溪拥有全国乌龙茶品种最多的茶叶大观园。依据其旅游业规划，安溪以茶文化旅游品牌为主题，积极做好四大旅游功能区的建设，即以县城为中心的综合旅游区、以清水岩为中心的朝圣旅游区、以西坪为中心的茶文化生态旅游区、以龙门为中心的度假旅游区，以四大旅游功能区作为龙头，让资源优势有效地转化为产业优势。

4. 梅州雁南飞茶田度假村

雁南飞茶田度假村聚天地灵气，揽自然之优，创造了独特的茶田风光、客家文化、建筑艺术，以及经典客家美食。雁南飞、茶中情。在茶田里，也许会生出"众里寻他千百度，蓦然回首，那人却在灯火阑珊处"的浪漫感受。它的设计理念以生态农业为开发方向，尽力满足人们回归自然、回归传统的心理需求，大力弘扬纯生态茶文化，在茶叶种植的同时结合了果树的种植和园林绿化，在科学种植的同时，采用传统工艺结合现代高新技术，精制出有独特自然香型的雁南飞高级系列茗茶，并赋予浓厚的文化内涵和高附加值，创造了名牌精品。

■ 雁南飞茶田度假村

5. 横县茉莉花茶旅游区

广西横县茉莉花种植已有400多年的历史，茉莉花产量和花茶产量均占全国的70%以上，茉莉花及花茶年销售收入超过15亿元。横县将花文化与茶文化结合起来，形成独特的花茶文化。该县花茶文化游重点放在茉莉花的温馨、浪漫、高贵的品质上，推出甜美爱情"莫离"游，茉莉花茶体验游，与茉莉花有关的节事旅游，将茉莉花独特的文化融入旅游者的旅游行程中，为游客提供一系列以花和茶为主题的活动与线路。

6. 天福茶博物院

　　天福茶博物院位于福建漳州市漳浦县盘陀茶文化镇，是全国民企规模最大、档次最高、内容丰富的博物院，院内主建筑物有：①主展馆，

■ 天福茶博物院

展示中华茶文化、世界各国茶情及茶文化；②茶道教室，设有茶艺表演厅、品茗场所及国际会议厅；③日本茶道馆，设有精亭、俭亭、敬亭，分别代表三个不同时代风格的日本茶室；④韩国茶礼馆，按照韩国传统茶室的建筑风格，采用原杉木构建而成；⑤书画馆，展示丰富多彩的茶文化书画。院内还有汉亭、唐山、宋桥、元塘、明湖、清池、兰亭曲水、武人茶苑、茗风石刻等景观。

7. 中国茶叶博物馆

中国茶叶博物馆位于浙江杭州西湖龙井村，已开馆13年。馆内设茶史、茶萃、茶具、茶事、茶俗五个展厅和国际和平茶文化交流馆。还有风味茶楼，专辟六个风格各异的茶室供品茗。另有茶艺游览区，表演各类不同形式的茶艺、茶道、茶俗。

8. 河南国香茶城

以"国韵茶香"为文化底蕴，是集茶叶、茶具、茶饮品等系列产品的展示、配送、交易、茶文化的传播与交流为一体的现代化的特色茶叶园区。国香茶城自创建以来先后举办众多茶文化活动：河南名优绿茶推介展销会、连续三届国香茶城茶文化夜市、信阳毛尖斗茶大赛、郑州电视台三套《戏迷总动员》走进国香茶城、承办第十届亚洲艺术节中日茶文化交流活动等。

9. "中国原生态最美山乡"之称的石台县茶之游

安徽南部牯牛降自然保护区内，有"中国原生态最美山乡"之称的石台县，由于牯牛降山体是黄山山脉向西延伸的主体，同时又拥有"奇松、怪石、云海、佛光"四绝，古时候被称为"西黄山"，因其生态系统完好，使牯牛降成为"华东最后一片原始森林"，被生态学者赞为"绿色自然博物馆"。石台县原生态的环境系统，丰富多样的动植物资源，是人们享受大自然的理想佳境。通过对茶叶资源的保护及利用，已初步形成茶园、茶厂和茶服务等行业的协同发展，通过和旅游业的融合，已经初步形成茶园采茶观光游、体验茶农制茶游、茶商品购物游、茶疗保健游等系列茶文化旅游产品。

■ 有"中国原生态最美山乡"之称的石台县风景

四、茶文化旅游产品开发

（一）茶文化旅游产品开发研究背景

茶文化旅游产品有广义和狭义之分。广义的茶文化旅游产品是指休闲性极强的、集茶园观光、茶艺、茶道、制茶工艺、民间饮茶习俗、茶歌舞、茶鉴赏等为一体的组合性体验产品。茶文化旅游是以茶和茶文化为主题，利用茶叶的美学价值、历史文化价值和保健实用价值吸引旅游者，以休闲和娱乐、获取知识和体验人生价值为目的而开展的形式多样、内容丰富的系列旅游活动。旅游产品的组合度在一定程度上决定着其在旅游市场中的竞争力，茶文化旅游产品的组合具有区别于其他旅游产品组合的特征。由于茶文化旅游具有休闲性、文化性、参与性和多样性的特征，茶文化旅游产品的组合也就有其区别于其他旅游产品组合的特征。茶文化旅游产品的横向组合(即组合的广度)包括：以茶景观、茶文化、茶艺术等为吸引物的核心部分，以及围绕这一核心而设计的其他旅游产品和食、住、行、游、购、娱产品。纵向组合(即组合的深度)包括横向层面各大类产品自身所包含的丰富内容及旅游项目，如：茶景观产品包含的名山胜水、茶园、茶馆、茶加工厂、茶博物馆、茗具观赏游等项目；茶文化产品包含的茶道、茶节庆、茶礼俗、宗教茶仪等文化活动；茶艺术产品包含的茶艺表演、茶歌、茶舞等。在此基础上进行线路的连接和价格档次的区分，组合出茶文化旅游主题，展现茶文化自然、清幽、恬静等文化内涵，能够满足各消费层次旅游者需求的整体旅游产品。众多学者认为，茶文化内涵丰富、形式多样，依据资源特性、区位条件和市场需求，设计的茶文化旅游产品有茶乡生态游、茶保健游、茶节庆游、茶民俗风情游、茶园生态探幽、茶叶公园游、茶文化学习交流游、茶乡寻根访祖游、名优茶采尝游、茶商品购物游、茶艺表演欣赏游、茶节庆和商贸旅游、茶具生产工艺游、茶乡夏令营、茶乡休闲养生游、茶农生活体验游、茶园观光游、茶文化观赏体验、茶道康乐旅游等。

狭义的茶文化旅游产品是指旅游中满足人吃、喝、购物的部分，具体包括茶叶、茶食品、茶艺表演的茶服装、茶宴、各种茶饮料、茶具、茶器、茶枕头以及茶旅游中茶纪念品等。旅游茶纪念产品的设计，如将茶压制成有纪念意义、祝福意义的茶饼；将旅游地区的风景、茶文化典故等制作成明信片、信封，或将门票与明信片合为一体；制作茶树母株、发源地模型，茶叶加工工具模型等。诸如此类，均可列入旅游商品开发之列。

目前，我国茶文化旅游产品设计与开发滞后，旅游和茶文化之间缺乏一种强有力的纽带，开展茶文化旅游缺少高素质的专业人才。茶文化旅游宣传、营销力度远远不够。杨妮等以杭州为案例，指出其存在的问题包括茶文化旅游形象不够鲜明、宣传促销力度不够、茶文化旅游项目单一、缺乏参与性；毕剑等指出信阳茶叶节旅游开发存在的问题有茶文化研究严重滞后、茶叶节经济价值与文化价值错位、茶叶节内容缺乏文化关联、宣传不力、规模小。通过对现存问题的分析，学者们提出了一些针对性的建议和对策。分别从提高茶文化旅游产品文化内涵、加大宣传和推销力度、加强领导、开展大型活动、更新观念、树立品牌、营造氛围、注重特色和形象设计、重视旅游商品开发、提高可参与性、强化茶文化旅游研究、培养专门人才、健全社会机制、找准运作模式、重视设施建设和管理水平及服务质量等方面进行了详细的探讨。谭巍等认为茶文化旅游开发，准确定位是至关重要的，并分别从观念定位、客源定位、功能定位、消费定位和融资方向定位几方面对我国茶文化旅游进行了定位研究，认为茶文化旅游产品开发应当遵循特色性原则、文化性原则、参与性原则和生态型原则。杨军以浙江为例，指出佛茶文化的旅游开发，要突出恢复佛家茶艺、开拓日本市场、重视茶具与茶屋的布置。郭满华对茶文化专项旅游产茶趣园，从观、听、采、炒、品、赏、购七大方面进行了全方位的开发策略探讨。陈文品等认为作为中国茶文化旅游的黄金走廊——茶马古道在旅游开发的同时，应加强历史文化遗迹的保护和民族文化的挖掘整理与创新。胡付照构建了以茶入音乐、以茶入美食、以茶入菜肴、以茶入文学、以茶入历史典故的无锡旅游文化建设策略。张文雅通过对咸宁茶文化资源特点分析，提出兴建茶文化休闲村，将观光茶园建设成为青少年科教实践基地的建议。段敬丹以四川为例，指出茶文化旅游商品开发要精心设计外观包装，注重茶文化旅游线路的合理组织设计。

（二）茶文化旅游产品开发的原则

旅游也就是给人一种新的体验。所谓体验，就是企业借助有形的设施、商品、环境、服务来满足消费者的精神需求以及由此形成的心理感受，让消费者形成深刻回忆的活动。目前，体验经济的经营模式，已经渗透到服务业、工业甚至农业领域，成为现代社会的第四种主导型经济形态。典型如星巴克，将咖啡这种饮料融入现代化的休闲方式和剧院的氛围，并打造成跨国品牌，成为美国全球文化扩张的渠道。现在，越来越多的行业认识到消费者不仅仅需要的是冷冰冰的商品，而是更有文化性、趣味性、教育性、互动性的体验。消费者愿意为这种体验花费大大超过商品价值本身的费用。体验经济实际上是一种情感消费方式。在体验经济的大背景下，体验旅游迅速发展，集我国历史、茶道艺术、地方民俗与自然风光的茶文化旅游目的地更是与体验旅游的概念高度契合。茶作为商品仅仅是一种饮料，但中国5 000年的文明发展和中国人独有的东方智慧赋予了茶极深的文化内涵和丰富的文化活动，其具有鲜明的体验经济特征。茶文化既有"理、敬、清、融"的茶道精神，又有"茶禅一味、天人合一"的东方哲学；既有赏心悦目的审美价值，也有修身养性的教育功能，集养目、养心、养身、养性等多功能为一体，是中国人物质世界和精神世界和谐统一的体现。茶文化旅游，既是人们在心灵深处对道法自然境界的追求，也是现代都市人渴望摆脱喧嚣、寻求心灵释放、向往自由的全新休闲方式。赏茶美、品茶香、采茶趣、养茶性，这些可以让游客在茶文化旅游过程中获得审美体验和精神享受，从而产生最高境界的旅游体验。在体验旅游新模式的发展下，如何利用体验经济的基本方法对茶文化旅游产品进行创意设计，对中国传统的茶园和茶叶的经营提出了新的挑战。在体验经济下，游客越来越要求活动高参与性、知识高习得性和精神高融入性的旅游形式，希望通过旅游追求更高雅更休闲的生活方式。茶文化旅游将工业旅游、农业旅游和服务业紧密结合。我国拥有世界上最为深厚的茶文化和茶资源，但以茶文化为核心吸引物的主题旅游休闲度假地需要进一步增强开发。在国外，与茶文化类同或相类似的农业庄园旅游发展已粗具规模、初见成效，比如日本著名的冈山后乐茶园，泰国、韩国、印度、肯尼亚，甚至新加坡都开辟观光旅游茶园，取得了良好的经济和社会效益。它们在产品开发上充分体现了体验旅游产品的开发特点。

（1）**产品特色化**　茶园在发展过程中必须要特别注意发现和保持自己的优势，并且要充分分析当地的地脉和文脉再结合市场消费热点和时尚潮流，以打造独特的休闲产品。中国台湾省嘉义县大埔乡的嘉义农场，是台湾最大的湖畔野营区。除了开发农业生态旅游，还开发了很多

■ 台湾嘉义农场

休闲项目，比如大片草坪上的日光浴加野餐，晚上的观星观天象活动，还可以开展野炊、露营项目。农场还修建了花卉培育中心以及蝴蝶生态园，利用花卉和蝴蝶的共生发展鲜花旅游和自然生态旅游，这里是台湾久负盛名的浪漫生态之地。嘉义农场合理地利用了当地的地理特质和农业资源，开发出符合现代旅游者认识生态、渴望回归大自然、追求浪漫的旅游产品，并且将其转化成为自己独一无二的经营方式，值得茶园经营者们借鉴。

（2）服务综合化　旅游体验产品是综合化的打包服务产品，产品开发不仅仅要做好项目设计，如何将观光、休闲、度假、餐饮、住宿、康乐养生等服务整合起来，甚至渗透到其他的行业，形成大产业联合，实现不同服务领域的分工合作，是产品开发的重点。例如，中国台湾省和韩国的影视偶像剧市场发达，于是很多拥有农场和茶园的人主动提出为偶像剧提供拍摄场地，跟摄制单位合作拍摄偶像剧，还安排一些场景

■ 冈山后乐茶园

让游客观看影视的现场拍摄，和明星偶像合照，体验群众演员的工作等，通过这些新颖的运作方式，充分利用粉丝效应，吸引了不同年龄和性别的游客前往，无形中扩大了农庄的客源群，同时形成口碑效应。与此同时，他们还提供给游客丰富的有形的消费产品和无形的精神享受。例如，通过不同的功能布局、建筑、服务设施和装修风格以及服务方式为游客提供或安静温馨或清新自然或浪漫有趣或热闹非凡的氛围等无形产品，也通过当地的时令水果蔬菜和特色茶宴、茶食、茶点心等给游客提供有形的消费产品，满足游客的味蕾。

（3）景观设计园林化　茶园在核心的生产区域外，应从种植结构上做根本的调整，改变传统的大田生产格局，建立具有高生态稳定性和多样性的景观。比如日本有名的冈山后乐茶园占地约13.3万平方米，是日本三大名园之一。它除了有大片的茶叶生产基地外，还充分借鉴古典园林的造景手法，将茶园和山水、亭台楼榭等巧妙地融合在一起，形成了日本最知名的集生态和文化为一体的景观名园，充分体现了中国"虽由人作，宛自天开"的造景哲学。冈山后乐茶园还吸取了日本很多传统文化精华，比如利用日本江户时代的回廊式建筑将最美景观连成动线，在茶园最高处修建延养亭，可以远观冈山城和操山。将旭川水引流进园，设计成蜿蜒的小溪和大小不一的池塘，甚至还从高处引流出瀑布，再辅以假山、小径、花木、草坪，使得整个园区高低远近皆是美景，而且移步换景，让人流连忘返。游客围绕着池塘、园林中的步游道，既闻茶香赏美景，还产生体静心闲的人生乐趣，烘托出日本园林艺术的典雅。在茶叶种植上更是别出心裁，将园内茶树分行规律种植，并修剪成波浪状，与濑户内海的水面形成呼应，极大地增强了观赏的趣味性和艺术性。冈山后乐茶园的园林化设计每年吸引了无数海内外游客，大大促进了日本茶叶消费和日本茶文化、茶道精神的传播。

（4）体验全面化　所谓体验全面化，就是经营者要设计丰富多样的旅游体验活动，通过对游客视觉、听觉、嗅觉、味觉以及触觉等多感官的刺激，使游客获得赏心悦目、悦志悦神的审美体验。宝城茶园位于韩国全罗南道宝城郡，是韩国绿茶的主产地，也是韩国最著名的农业旅游生态庄园，拥有不少历史悠久、规模宏大的茶园。茶园沿途除了有一片片的绿茶地还有一片片美丽的杉树道。杉树和茶园在生态上的共生为茶园的种植节约了成本，也大大提高了茶园观赏的层次性。杉树有抵御风寒和防虫害的功能，加上杉树的生长使得当地气候潮湿多雾，茶叶得到了自然滋润，不用人工灌溉，如此独特的种植令宝城茶树茁壮成长。此外，茶园的路边、地边都种了百合，在郁郁葱葱的茶园中，穿插着白色、黄色、红色的百合，带来了更绚烂的视觉冲击。百合花还可以散发香气，配合茶园里的茶叶清香，令游人一进入景区就心旷神怡。宝城茶园里还有咖啡吧、商店、休息室，在夏日里，成群结队的人在这里纳凉，成为另一道风景。宝城茶园也是韩国许多连续剧和电影的拍摄景点，鉴于韩国影视在全亚洲的影响力，绿茶地间散布的场景吸引了许多国内外的游客。

（5）活动休闲化　茶文化旅游体验除了传统的采摘、加工和品尝等活动外，还要借鉴国外农业庄园丰富多样的体验休闲活动。这个方面，国外的诸多葡萄酒庄园有非常成熟的产品开发经验。例如，位于美国加利福尼亚州旧金山以北的加州纳帕谷是美国最悠久也是旅游活动最丰富的葡萄酒旅游区。为吸引游客，纳帕谷提供超越品尝葡萄酒的旅游体验。它除了传统的品葡萄酒、品美食与体验当地特有的景观与人文氛围之外，还开发延伸出一系列的旅游休闲探险活动。比如，游客可以参观当地特色建筑和 Di Rosa 保护区多达 2 200 件的艺术收藏品，旺季时可以与酿酒师一起酿酒踩葡萄，吃当地名厨烹饪的美食大餐，参加当地举办的美食音乐节等庆典活动，在高尔夫球场打球，在旅游区享受温泉度假做泥巴浴、做SPA。旅游区内还有景观火车、豪华轿车、飞机等多种交通工具参观酒乡，可以坐游艇在纳帕河观光，有七家热气球公司提供热气球空中之旅。此外，游客还可以通过徒步、自行车、竹筏参观野生动物保护区。围绕着葡萄酒开发出的文化活动更是花样繁多，游客在购买当地葡萄酒时还可以接受历史悠久的纳帕谷葡萄酒培训，哪怕是一个人也能参加旅游区开展的葡萄酒和烹饪艺术中心的研讨会、讲座，通过参加葡萄酒展览了解葡萄酒酿造的历史和艺术，这些活动极大地提升了葡萄酒的文化内涵，促进了美国葡萄酒文化在全世界范围内的传播。其实这些体验休闲活动在茶文化旅游目的地同样可以开展。我国大多数茶园旅游经营者还停留在赏茶、品茶、卖茶的产品开发层次上，缺乏对全球体验经济深入的认识。

■ 韩国宝城茶园

（三）茶文化体验式旅游产品开发步骤

茶文化的体验化设计就是在旅游开发过程中将旅游者的参与融入设计中，以茶园及其环境作为布景、旅游服务作为舞台、商品作为道具，使游客在旅游活动过程中获得完美心理感受的一种旅游开发、设计过程。其中最关键的是确定体验主题、构筑体验平台。

（1）茶文化体验主题的设计制定是体验产品设计的第一步　好的主题是体验旅游产品设计的基础，也是细化项目设计的指导性纲领。主题是将茶园的设施、景观、体验产品、服务及活动有机地结合起来形成一个统一形象的关键，缺乏主题的体验只能给旅游者带来杂乱无章和无特色的负面印象。主题的确定应充分分析当地的历史、文化和自然环境的特点，再结合客源市场的需求和消费潮流，以自己的优势资源为基础，体现文化性和趣味性，同时要注意与周边强大竞争对手和旅游区形成差异化。再围绕特定的主题进一步地细化体验设计，通过休闲化的产品体系和综合化的服务体系，形成主题景区、主题饭店、主题餐馆、主题购物等主题性体验场景。茶文化体验旅游，主题性的体验应和主题茶文化相联系，这是最为核心的旅游吸引物。茶是一种具有深厚文化底蕴的商品，是一种文化商品产业。因此，茶文化的提炼成为体验式茶旅游产品的设计中首先解决的问题。通过主题文化的分析，可以分地域、分体验项目进行主题化设计，用茶文化进行包装，用体验旅游理论指导项目策划和产品设计。

（2）构筑茶文化体验平台　设计体验活动按照设计的体验主题，茶园要能提供给游客不同的体验场景。庄园中除了茶园、茶叶加工厂、茶艺室、茶叶展览馆外，还可以根据特有的自然和人文环境，设计具有自己特色的附属功能区，比如公园、水景野餐区、度假区、山地探险区、剧场、商品零售区等。除了固定的场景体验外，不同的体验环境的项目设计要全方位地构筑体验平台，通过参观、制作、讲解、研讨、品尝、运动、养生等活动，展示茶文化、茶情调，使游客通过视觉、听觉、嗅觉、味觉和触觉，多层面、多角度地获得一种整体统一的美好感受，形成深刻的记忆。这种体验氛围的营造需要通过景观、人员、设施、服务、互动项目五个要素综合打造。茶文化体验式旅游产品活动地点及方式见表2-1。

表2-1　茶文化体验旅游活动地点及方式

编号	场景	适宜时间及参加人员	活动方式（包括感官体验）
1	茶叶加工厂	全年 游客、茶叶加工厂解说员和引导员	1. 参观学习茶叶晒青、摇青、凉青、杀青、切揉、初烘、包揉、复烘、烘干制作工艺及其生产区域设备设施、茶叶灌装生产线（视、听） 2. 游客亲自动手炒茶（视、嗅、触） 3. 解说员解说茶叶加工工艺、传统家庭自制茶叶传授（视、听） 4. 不同茶叶、茶化妆品、洗涤用品、茶袜子、茶T恤展示、解说与购买（视、嗅、味、触）
2	茶园	茶叶采摘季节 游客、茶园解说员和引导员	1. 参观茶园、茶树及其自然景观生态系统（视） 2. 解说员讲解茶叶、茶树、茶园种植等相关知识（视、听） 3. 茶叶采摘（视、触） 4. 参观茶园生产设备设施如种植系统、浇灌系统（视、触）
3	茶艺室	全年 游客、茶艺师、茶艺解说员	1. 欣赏茶艺表演、茶舞蹈表演（视、听） 2. 赏茶、品茶（视、听、味、嗅全方位感官体验） 3. 茶叶制成品、茶器工艺品、茶书茶画及古董的鉴赏及购买（视、触、嗅） 4. 茶叶爱好者文化沙龙、茶文化研讨会、座谈会（听、视、触、嗅全方位感官体验）

编号	场景	适宜时间及参加人员	活动方式（包括感官体验）
4	茶艺节庆	全年，尤其是茶叶采摘季节 游客、社会各界人士、解说员及引导员	1. 参观茶叶展览会、品茗会、茶文化交流大会（视、嗅、味、触） 2. 参与定时举办的各项茶文化旅游主题活动如音乐节、舞蹈节、民俗节、摄影书画比赛等（视）
5	茶园度假村	全年 游客、导游、服务人员	1. 地区特色住宿如茶园木屋、茶园别墅等（视、触） 2. 地区特色、有机美食、茶餐茶宴（视、味） 3. 特色户外休闲运动如茶园漫步、骑自行车、露营、爬山比赛、观星、球类运动等（视、嗅、触）

（3）提供茶文化体验纪念品 旅游纪念品是体验式旅游产品设计中创新过程中很重要的一部分，它使体验的存留时间变长，通过纪念品还将个人体验与他人分享，同时增加茶文化旅游区的经济效益。我国现有的茶文化旅游纪念品虽然比较丰富，但在产品设计上还是缺乏文化性和趣味性。旅游纪念品的设计元素应取材于当地的旅游资源，其表现符号应体现当地的历史文化。旅游纪念品要注重和旅游区体验主题的一致性，通过区域化、特色化的设计，不但体现当地区域文化的线索，而且要结合国内外发展生态农业庄园旅游的经验，提出设计茶文化旅游体验产品的方法，即深入发掘茶文化的相关主题，围绕不同的主题构筑茶文化体验平台，建设旅游基础及综合服务设施，打造不同的茶文化体验场景，开发一系列的体验产品和体验活动，增强我国茶文化旅游在国际中的竞争力。同时，借茶文化旅游的开发，改变人们的消费习惯和生活方式，令消费者强化茶文化的体验。要加强对旅游者消费潮流的认识，产品本身要具有时尚性和艺术性。茶文化体验旅游相关的纪念品见表2-2。

表2-2　茶文化体验旅游相关的纪念品

茶相关产品	美食	衣物	书画	工艺品	其他
烹茶、品饮的二十四器	茶菜	茶帽子	茶书	茶道用品	礼物篮
装茶的包	茶粥、茶面条、茶面包等茶主食	茶T恤	茶字画	茶雕工艺品	烟
茶美容保健系列产品	茶糖果、茶冰淇淋、茶果脯、茶巧克力等零食	汗衫	地方特色书籍	特色工艺茶	桌布
		茶领带	茶文化杂志	摆件	餐巾
	地方特色美食、特产	围裙		紫砂工艺品	明信片
		地区特色服饰		陶瓷工艺品	海报
					CD

　　近年来，我国的茶文化旅游呈现出蓬勃向上的发展趋势，但与国外类似的农庄旅游相比，还有许多需要改进的方面，尤其是旅游产品设计方面。通过对旅游产品的设计，让人们在茶园旅游中增强环保和生态意识，在茶文化体验中提升文化内涵和公民素质，在品茶、赏茶、识茶、制茶等休闲活动中感受茶文化的魅力，进一步促进我国传统文化在世界范围内的传播。

第三章

会展商务型茶文化旅游

在经济全球化的今天，商务会展所创造出的经济效益和社会效益有目共睹。将会展设计与茶文化旅游相结合，既促进商务经济的发展，又能丰富和补充我国的茶文化旅游体系。

一、茶叶博览会

博览会泛指规模庞大、内容广泛、展出者和参观者众多，并且大部分对社会、文化以及经济的发展能产生影响并起到促进作用的展览会。博览会始于欧洲，经过一百多年的积累和发展，逐渐增强了欧洲会展经济的整体实力与规模。尤其是德国、意大利、法国及英国，都是世界级的会展业大国。

近代地方性博览会之始，一般认为是1798年，法国皇帝拿破仑于巴黎举办的工艺博览会。而首届世界博览会是1851年，在英国伦敦召开的"万国工业品大博览会"。世界上第一个样品展会则是1890年在德国莱比锡举办的莱比锡样品展览会。我国在晚清时期，因为鸦片战争、八国联军侵华等战争的发生，传统的小农经济遭受资本主义经济的冲击，西方的各种文化慢慢入侵渗透，中国才渐渐有了博览会的身影。在资本主义经济的影响下，中国参加了国际博览会，还自行举办了多场地方性博览会。而茶叶作为中国特色农产品，在国际及国内博览会都占有一席之地。

茶叶博览会的目的是网罗各地各种茶叶、茶具、茶服、茶产品、茶相关产品等，置于一展会之中，随大众观览与交流，展现茶商品的价值。

中国国际茶业及茶艺博览会（简称"北京茶博会"）创办于2011年，由农业部中国农业国际合作促进会主办，中国农业国际合作促进会茶产业委员会、北京京港环球国际展览有限公司承办。第七届北京茶博会，展商数达到600多家，4天参观人员突破8万人次，吸引专业观众和买家48 613人次。而第九届北京茶博会吸引各国各地不低于90 000人次的专业客商前来参观。经过近几年的成长，北京茶博会已经成为北方最具影响力的茶展。

作为南方主要产茶省份之一，福建省举办的茶业博览会也具有重要影响力。由福建省人民政府、中国茶叶流通协会、海峡两岸茶业交流协会共同主办，泉州市人民政府、福建省农业厅、福建农林大学协办的"中国茶都（安溪）国际茶业博览会"（简称"安溪茶博会"），已连续举办了7届。其中，第四届的安溪茶博会，结合泉州茶文化旅游节一起举办。因此，节会期间，观览者不仅可以领略到当时刚刚获得"东亚文化之都"美誉的泉州各个县（市、区）的风景文化及旅游特色，欣赏兼具闽南风情和茶文化特色的文艺演出，还可观赏安溪独具风情的茶艺展示、制茶展示，感受五彩缤纷的茶世界、茶文化和闽南人文山水风采。将两大盛事同时举行，不但展示了安溪积淀千百年的茶文化，也打造了茶文化旅游样板，扩大"中国茶都安溪国际茶业博览会"的品牌知名度，将安溪塑造成中国茶业"义乌城"和"中国茶文化黄金旅游县"。

武夷山不仅是世界乌龙茶、红茶的发源地，茶文化底蕴深厚，也是茶树品种王国，每年11月16—18日在武夷山举办"海峡两岸茶业博览会"，至2017年已成功举办了11届。展会由台湾民主自治同盟中央委员会、中华全国台湾同胞联谊会、中国茶叶流通协会、海峡两岸茶业交流协会、南平市人民政府包括台湾农会在内的台湾五大协会组织共同主办，国务院台湾事务办公室为支持单位，福建省直属有关部门、设区市人民政府协办，武夷山市人民政府承办。展会展品包括六大茶类茶品、茶深加工产品、茶器、紫砂、陶瓷、茶包装、茶服、茶空间、茶机械、根雕、工艺品等产品，品类细化，展品结构更优化，覆盖茶业全产业链。2017年第十一届展会期间，吸引了约700家海内外展商参展，包括马来西亚、日本、韩国茶叶企业和代理商，以及国内各产茶区代表性的名优茶企、中国十大名茶、中国驰名商标、省级以上龙头企业等。其中，六大茶类品牌茶叶企业200余家，多是中华老字号、中国驰名商标、国家级农业产业化龙头企业、省级农业产业化龙头企业、省著名商标等茶叶品牌；著名茶具产地茶器品牌80余家；紫砂名家名坊40家；品牌包装设计企业170家；机械企业20家；原产地茶叶、茶器展团和行业组织机构组团21家。国际化程度越来越高，气势磅礴的台湾馆，强势集结95家台湾茶企，成为展会一大亮点；来自马来西亚、韩国、日本等国家的13家国际知名茶企，共展异国茶风情。海峡两岸交流是一大特色，除邀请近百家台湾茶叶、茶器具企业前来设点展示外，还配置了极具欣赏性的台湾少数民族特色歌舞表演；同时，积极邀约海峡两岸暨香港、澳门企业界、文化界、茶学界、宗教界人士同聚一堂，共叙茶情，为福建和台湾两地搭建多元的交流平台。"走百企·进百店·入百园"系列活动，通过组织安排VIP采购商进行营销沙龙、品鉴茶会、山场体验等形式，让采购商零距离接触茶企、茶农，促成专业采购商与茶企业深度合作。2017年武夷山国际禅茶文化节、"福满人间"海峡两岸祭茶祈福大典等活动以茶为媒，邀请国际及海峡两岸暨香港、澳门宗教界、文化界、茶学界、企业界精英，共同举行了"茶和天下"文化论坛、传灯茗心户外茶席展示、佛教文化书画展等活动，凸显出两岸文化和谐共荣。

展会期间，海峡两岸民间斗茶赛通过组织两岸茶企开展8个系列茶类民间斗茶赛、"民间品茶师"评选、平价优质茶评比等活动，展现和推介两岸茶叶的优良品质。此外，海峡两岸投资项目招商会暨签约仪式、"品牌力量·走进南平"暨中国茶叶产业集群品牌发展研讨会、"朱子故里、大美武夷"五个一百宣传武夷山、"百台逛茶博"、南平市首批工艺美术大师及第二批特技制茶工艺师授牌仪式、刘宗超院士主题演讲、宋风茶韵——宋代茶艺展演、2017年武夷山市旗袍文化协会专场演出、茶艺古筝表演等一系列专场活动，搭建了良好的茶文化交流舞台。

■ 第十一届海峡两岸博览会（武夷山）

深圳华巨臣实业有限公司举办的茶博会是全球最大最专业的茶产业交易平台，集专业茶业代理、经销、加盟、投资、礼品茶定制于一体，每年在全国十多个城市举办茶叶展会，是目前最具专业性、商业化程度最高、影响力最大的茶叶博览会。该公司举办的茶博会包括茶叶、陶瓷、紫砂、红木、根雕艺术品、茶具用品、茶叶包装机械等。其中，深圳茶博会辐射至广东、中国香港、中国澳门、福建乃至全国，国外有日本、韩国、马来西亚、斯里兰卡等国家；武汉茶博会辐射包括湖北、湖南、河南等中部地区；重庆茶博会辐射包括重庆、四川、贵州等西南地区；西部茶博会（又称西安茶博会）辐射包括陕西、宁夏、新疆等西部地区；太原茶博会辐射包括山西、河南、内蒙古等北方地区；长春茶博会、沈阳茶博会、大连茶博会的辐射包括辽宁、吉林、黑龙江等东北地区；南京茶博会辐射包括江苏、上海、安徽等华东地区；济南茶博会、青岛茶博会辐射包括山东、苏北等渤海经济圈；南宁茶博会辐射包括广西及越南、泰国等东盟十国经济圈；福州茶博会、海峡两岸茶博会辐射包括福建、江西、广东、中国台湾等东南地区。华巨臣在各地举办茶博会，有利于茶产业的快速健康发展，将中国优秀的传统茶文化借助茶博会的平台深入而全面地普及到市民心中，让市民在品茶过程中感受到中国茶事活动的丰富性和趣味性。第八届深圳茶博会（2014年7月2—5

■ 首届中国国际茶叶博览会

日）现场交易额达 2.2 亿元，订单成交量 5.8 亿元，总成交额 8 亿元，单场茶博会吸引海内外 12 万观众。茶博会上有八马茶业、云南大益、下关沱茶、武夷星、七彩云南、中吉号、龙圆号、双江勐库、今大福茶业、君山银针、天之红、炎尧藏茶、茶票交易中心、海湾茶业、永年普洱、白沙溪、元正茶业、滇红集团、国润茶业、澜沧古茶等 1 000 余家知名茶企参展。

2017 年 5 月 18—21 日，杭州国际博览中心举办了首届以"品茗千年，中国好茶"为主题的中国国际茶叶博览会。此次博览会的内容主要是茶产业发展成就展示、贸易洽谈及合作交流。展区分为展示区和展销区，展示区包括全国和各主产省茶产业发展成就展览、品牌推介互动等内容，展销区则囊括各省名茶展销区、国际展销区与茶机茶器具展销区等。博览会还结合举办"中国国际茶业高峰论坛""中国品牌茶叶推介"等系列专题活动，旨在向社会和国内外爱茶、品茶之人及客商全面展示我国茶产业的发展成就，弘扬中国茶文化，以茶为媒，使博览会成为中国和国际交流茶产业发展成果、共商茶产业发展规划的重要平台。

茶叶博览会的举办，不仅本身能够创造巨大的经济效益，为茶叶生产商、经销商、茶具等配套商、茶叶爱好者提供一个贸易和交流平台，扩展茶叶的号召力和商业及文化价值，而且还带动交通、旅游、餐饮、住宿、通讯、广告等相关产业的发展，促进了茶文化旅游与经济的共赢。

二、斗茶赛

中国的斗茶赛由来已久。在古代，古人称"茶"为"茗"，所以斗茶，又称为斗茗、茗战。唐叫"茗战"，宋称"斗茶"。

何谓斗茶？顾名思义，即比赛茶的优劣。据古志记载，斗茶赛在唐朝兴起，在宋朝达到鼎盛。宋朝的茶道极为讲究，上起皇帝，下至士大夫，都爱好此道。如宋徽宗赵佶的《大观茶论》，蔡襄的《茶录》，黄儒的《品茶要录》，其内容都体现出宋朝斗茶赛的兴盛。

斗茶，作为古代有钱有闲之人及文人雅士的休闲雅玩，具有一定的趣味性和挑战性。斗茶者常常是一众茶道知己，多人共斗或两人捉对"厮杀"，各取珍藏好茶，轮流烹煮品尝，品决出高下。斗茶内容主要包括斗茶品、行茶令与茶百戏。

斗茶品一斗汤色，所烹茶汤的汤色为纯白色，则胜，青白、灰白、黄白色，则为负；二斗水痕，茶汤优劣与否，依据为水痕出现的早晚，水痕晚出为胜，早出则为负。斗茶品贵以为茶"新"，斗茶水上以为"活"。

古人在斗茶时的行茶令与行酒令性质相同，于斗茶赛中助兴增趣作用。行茶令的内容要与茶相关，包括大小故事及吟诗作赋。

茶百戏，是一种将煮好的茶，注入茶碗中的茶道技巧，因此，又名为汤戏或分茶。"若山水云雾，状花鸟鱼虫。"拥有高超的沏茶技艺，能使茶汤汤花犹如一幅幅水墨图画，呈现出瑰丽多变的景象。在宋朝，茶百戏成为士大夫们喜爱与崇尚的一种休闲文化活动，其地位可媲美琴、棋、书。宋人杨万里咏茶百戏曰："分茶何似煎茶好，煎茶不似分茶巧……"

古代斗茶是作为一种"雅玩"，而现代斗茶赛则"斗"出了经济效益。通过斗茶赛，曾经不为人所知、"藏在深山人未识"的一些品种茶，慢慢为大众所接受，并且大幅度提高了销量与价格，甚至出现供不应求的情况。

古代斗茶赛促使茶文化不断传播发扬，兼具继承性和变异性的斗茶赛，发展到现代，所诞生的海峡两岸斗茶茶王赛、武夷山斗茶赛、西坪茶王赛等全国各产茶区召开的名茶评比会，其实就是古代斗茶的继承与发展。

■ 武夷山天心村斗茶赛

（一）海峡两岸斗茶茶王赛

由海峡两岸斗茶组委会主办，中国茶叶流通协会、阿里山茶业协会、阿里山制茶工会、厦门市茶叶协会、厦门晚报社承办的"海峡两岸斗茶茶王赛"在厦门北站国际茶港城和台湾阿里山共同开赛。这场开海峡两岸先河的斗茶盛事，不仅引起了海内外媒体的高度关注，也吸引了许多海峡两岸的茶商、茶企、茶农、爱茶人士纷纷到场，热忱等待"茶王"出世。近几年，随着海峡两岸斗茶赛的影响不断扩大，海峡两岸斗茶赛的赛区不断增加，品类也不断增加，包括清香型铁观音、浓香型铁观音、大红袍、红茶、青心乌龙、凤凰单丛、白芽奇兰、普洱茶等，推动了海峡两岸共同交流茶文化的进程。

（二）武夷山斗茶赛

据记载，被称为"世界红茶发源地"及"中国乌龙茶发源地"的福建武夷山，是近代斗茶的发祥之地，是全国各地斗茶赛的创始之地。

2000年以前，由于武夷山的茶叶行业发展缓慢，茶叶经济不发达，所以其茶事活动只有"岩茶节"，参与者几乎无茶企，主要是来自旅游业与文化单位。2001年，第一届民间斗茶赛由武夷山茶业同业公会牵头，一些茶叶企业联合举办，规模较小，由茶农们送来参赛茶样，评选"茶王"。2002年，第二届武夷岩茶茶王赛由武夷山市政府、香港凯捷集团及天心村联合承办。之后，武夷山每年都会举办一次民间斗茶赛。2006年，参与茶类不断丰富，添加了"茶王大红袍"和其他茶类。2009年，武夷山斗茶赛吸引了一些台湾茶人共同参与，所以，2010年，武夷山

■ 武夷山民间斗茶赛

"民间斗茶赛"正式更改为"海峡两岸民间斗茶赛"。如今，"海峡两岸民间斗茶赛"已经成功举办数届，不仅促进了武夷山茶业的发展，同时也促进了武夷山旅游业发展，增加了海峡两岸茶文化的交流，将海峡两岸的茶行业资源向武夷山集聚。

近几年，武夷山不断丰富现代民间斗茶的习俗与内容，使民间斗茶赛成为标准化的赛事、技术交流的平台和品牌推广的渠道。武夷山斗茶赛由武夷山市茶业局、星村镇、武夷街道、天心村、黄村、武夷山市茶叶流通协会及海峡两岸茶博会等举办，设有状元、金奖、银奖、优质奖等奖项，以香气、滋味等为主要因子，邀请专业人士参与评审，获奖产品包括大红袍、肉桂、水仙、红茶、品种茶等。通过比赛，参与者相互探讨，交流茶叶制作技巧，共同促进茶叶制作水平的提高，体验武夷山悠久浓厚的茶文化氛围。

（三）西坪茶王赛

福建安溪县西坪镇作为铁观音的故乡，每年都会举行"茶王赛"。西坪斗茶的场面相当壮观，镇里上万户茶农，每到收获季节，新茶登场时，便携带自家最优质的铁观音，先在村里评出优胜者，之后再到镇上参与复赛，选出决胜者，进入最后的"茶王"决赛。评审专家分别从茶的形、色、香、韵等方面审评，经过三泡茶的品茗后，选出"茶王"。届时，鞭炮声、锣鼓声响起，"茶王"戴上礼帽，穿上礼服，身配红绸带与彩色绢花，坐上茶王轿，由众人簇拥着，浩浩荡荡绕村踩街，场面十分热闹。

全国各地茶商、游客可以在现场欣赏斗茶过程、观赏西坪斗茶风俗以及古乐器合奏表演，与茶农及表演者零距离接触，亲身感受斗茶氛围。西坪茶王赛展现的不仅是现代斗茶活动的缩影，也是一幅生动的现代风俗画。

（四）全国各产茶区举办的斗茶赛

全国各主要产茶区，每年也都举办斗茶赛。以陕西为例，午子仙毫、紫阳毛尖及八仙云雾等茶闻名，是西北五省唯一产茶的省份，其茶文化氛围也十分浓厚。由陕西省茶业协会主办、紫阳县人民政府协办，陕西于2016年在西安茶博会期间举办了首届斗茶赛暨紫阳富硒茶斗茶赛。斗茶现场邀请了100位专业评审和100位普通茶友，分别从茶叶的色、香、味、形等方面审评，无记名投票评选出金奖、银奖、铜奖。这场斗茶赛是迄今为止陕西政府机构首次组织的斗茶活动，目的是通过此次斗茶赛，提高大众对陕茶的认知度与熟悉度，促进陕西茶文化传播及茶经济的发展，提升陕西茶叶品牌的知名度。

由深圳红木展组委会与深圳茶业协会联合举办的深圳市首届斗茶赛于2008年在深圳会展中心举行。此次斗茶赛联合第五届中国（深圳）国际红木艺术展暨中式生活博览会"红木精品财富馆"共同举办，使茶友们在精致复古的红木园里享受品茗乐趣，给众人一种穿越回古代，体验与千百年前的古人一起斗茶的情景。大赛分为红茶赛区、白茶赛区、普洱茶赛区、乌龙茶赛区四个赛区，旨在弘扬茶文化，拓展深圳茶产业。

2016年10月29日，由贵州省政协经济委员会、贵州省工商业联合会等部门主办，贵州省绿茶品牌发展促进会、贵州省茶叶学会等部门承办，2016年度贵州省秋季斗茶赛于贵州省会贵阳市正式举行。这次斗茶赛的主题是"绿色·标准·传承·创新"。此次斗茶赛共有106个来自贵州各地产茶区的夏秋茶样，可以说是比较全面地代表了2016年贵州夏秋茶的整体品质。评选项目包括茶的品质、安全指标等，审评方式是采用专家审评与大众审评相结合的形式，最终得分按专家评分占75%，现场大众占25%的比例计算。

　　贵州斗茶赛不同于传统历史的斗茶赛，一般来说，春茶是一年之中品质最好的茶叶，因此我国传统的斗茶赛大部分是斗春茶，尤其是绿茶类的斗茶。但是，由于贵州的生长环境为高海拔、气候冷凉、病虫害少、安全性好，其夏秋茶的品质超群，甚至部分夏秋茶的内含物质还要高于春茶，价格还比春茶便宜，因此，贵州创新开展了秋季斗茶赛。

　　贵州斗茶赛除了开创秋季斗茶赛的先河，还增加了茶叶品质安全指标检查项目。传统斗茶赛不重视茶叶的安全指标及理化指标，而贵州斗茶赛开始重视茶叶的品质安全，开启安全指标和理化指标一票否决制，只要参赛茶样中某一项质量指标不过关，即使茶样滋味品质好，也会立即淘汰，突破了我国传统斗茶赛的规则与历史。

　　被誉为"古茶树之乡"的贵州省，是茶树原产地的核心区域。2017年，贵州举办了首届古树茶斗茶赛，该赛事由贵州省茶叶协会、黔南布依族苗族自治州茶叶产业化发展办公室和中国国际茶文化节研究会民族民间茶文化研究中心联合主办，贵州台红制茶科技有限公司承办。古茶树斗茶赛不同于其他斗茶赛，参赛茶必须是古树样，主要分为古树红茶和古树绿茶两大类，最后各选出1个茶王、1个金奖、2个银奖以及3个优质奖。此次斗茶赛有利于推动古树茶资源的开发与保护，共同体验古树茶的文化魅力，提升古树茶的开发加工技术，弘扬古茶树文化。

　　2017年4月17日，云南省普洱市第十五届中国普洱茶节上，雅致而又激烈的斗茶大赛吸引众多茶企参加，角逐茶王。本次参赛茶包括2017年古树晒青茶、有机茶园晒青茶、普洱茶紧压茶共101个茶样参加。

■ 斗茶赛专家评茶

三、茶叶城

随着我国经济的不断发展，人们的生活水平日益提高，茶渐渐从仅供大家解渴的饮料，发展到如今，已然成为了一种文化，并潜移默化地影响着国人的精神世界。大家在品茶的同时，还逐渐学会鉴赏茶、感受茶的清香与韵味，从中体味出茶的文化。

茶作为全球最大众化的饮品，深受百姓欢迎，因此近年中国茶叶学会开始倡议举办"全民饮茶"活动，并且逐渐成为一种主导潮流。而为了迎合"全民饮茶"的潮流，茶叶市场不断探索转型发展，开启了一种新的商业模式，新颖且富有生命力的综合性茶叶城便应运而生了。

茶叶城作为一种多元化的茶业新模式，是传统茶叶批发市场的转型与升级，且突破了茶界传统。通过国家产业政策引导，加快了茶产品流通企业发展连锁经营，取得了一定的社会效益和经济效益。

（一）北京马连道茶城

北京马连道茶城坐落在"京城茶叶第一街"的中心位置，是规模经营的大型茶叶市场。北京马连道茶城是北京一商集团有限责任公司投资建成的现代化、多功能综合商业设施，建筑面积6.8万平方米。这里云集了来自全国十几个省（直辖市）的300余家茶商，年销售近3亿元。马连道茶城除经营茶叶外，还经营茶具、茶工艺品、茶道以及茶文化传播等。

北京马连道茶城汇聚了全国各地名优特种茶500余个品种，从名贵的西湖龙井、信阳毛尖、安溪铁观音到经济实惠的福建花茶、岩茶、广西花茶等一应俱全，此外还有黄山贡菊、台湾高山茶等地方特产。马连道茶城不仅经营茶具、茶工艺品、茶道以及茶文化传播等，还设有茶道、品茗室、茶艺、茶知识等风格各异的专营店和特色专柜。在马连道

■ 马连道茶城

茶城，既可以购买到各类称心如意的茶叶、茶具，还可领略到浓郁的茶文化馨香。

马连道茶叶一条街有10座茶城、1 200多家茶商，茶行业年交易额超过18亿元，这里已成为中国北方地区最大的茶叶集散地，先后被命名为"京城茶叶第一街"和"中国特色商业街"。北京市茶友会、北京市茶业商会等每年都在马连道茶城举办一些茶事活动，扩大了马连道茶叶一条街的影响力。

（二）广州芳村茶叶城

广州芳村茶叶城位于广东省广州市荔湾区芳村，其对面是南方茶叶市场，斜对面是江南茶博园，右边是承鸿茶世界，共囊括了八家颇具规模的茶叶市场，经营各种茶叶、茶具、茶产品的批发。其中最出彩的当属集茶文化展示、批发零售、旅游文化于一体的江南茶博园，其复合型茶叶市场的定位使江南茶博园成为芳村茶叶城的"领头羊"。游客或爱茶买茶之人，可以尽情在茶叶城里感受茶文化的氛围，相互交流、分享茶的韵味，然后将自己喜欢且适合自己的茶叶、茶具及茶产品收入囊中。目前，优越的地理位置使芳村茶叶城成为目前广州市单体建筑面积最大的一座大型国际茶品交易中心。

（三）上海大宁国际茶城

上海大宁国际茶城汇集多达千余种的各地新茶、名茶和茶制品，且与亚欧多国如日本、韩国、印度、英国、俄罗斯及东南亚等国家和地区的外商进行贸易合作，因此有"茶业航母"的美誉。

上海大宁国际茶城具有规模大、品种全、物美价廉、一流硬件与服务、管理专业等特色，设备齐全，不仅配有茶叶评审室和茶文化博览厅，还有茶叶拍卖厅、茶叶质量检测室、书法展示厅等。顶层的休闲露天茶吧，采用了苏州园林的建筑风格，具有浓浓的江南韵味，被称为是一家"无茶不包的茶文化的集大成者"。

（四）海通茶叶城

海通茶叶城坐落于湖南省衡阳市衡州大道，是湘南地区规模最大、品种最全、档次最高的茶叶、茶具批发市场。已连续举办多届的海通茶文化节就在海通茶叶城举办，其规模与影响力日渐扩大。来自各地的上百种茶叶、精致多样的各类茶具以及精彩优美的茶艺表演，使每届海通茶文化节都通过海通茶叶城向游客和市民展示衡阳别具一格的茶文化，提升了衡阳茶叶的知名度，促进了衡阳茶产业的发展与集聚，共同发展衡阳的茶文化、茶经济与茶旅游。

海通茶叶城地理位置优越，由于位于衡阳的财富大道——衡州大道上，交通十分便利，这为海通茶叶城创造了地理优势。海通茶叶城里主要分为两个主题：新茶市场与陈茶市场。新茶市场包括绿茶、花茶、闽南乌龙茶（铁观音）、保健茶及深加工的茶食品、茶饮料等茶产品；陈茶市场则包含砖茶、黑茶、红茶、沱茶等湖南特色茶类。海通茶叶城已经成为弘扬与宣传衡阳茶文化的重要窗口，塑造了衡阳的城市文化品位与人文魅力，实现当地茶产业经济与茶文化的双赢。

（五）天津光明茶叶城

天津人喜爱茶，茶几乎成为他们最爱的饮品，因此，茶叶在天津有很大的市场及潜力。

天津光明茶叶城是天津市规模最大的茶叶市场，其外部与门楼都是古香古色的设计，代表茶文化的源远流长；白茶、黑茶、绿茶等各大茶类的摆放造型各异，风格奇特；陶土、瓷器、漆器、玻璃、金属、竹木六类茶具一应俱全，五彩缤纷。

光明茶叶城近年还举办了多种茶文化活动，如茶叶及茶产品博览会、茶文化论坛、茶道茶艺表演等，让市民与游客在茶叶城里不仅限于茶叶及茶产品的买卖，也能感受到茶作为一种文化的魅力。

（六）安徽芜湖茶叶城

被誉为"江南第一茶市"的安徽省芜湖市三山区峨桥茶叶批发市场，因其销量大、规模大、品种全，加上遍布全国的购销队伍和销售网点，芜湖峨桥茶市已经成为全国茶叶批发市场中的重要组成部分，1997年12月被国内贸易部确定为国家级茶叶专业批发市场。

峨桥虽然是一个不产茶叶的城镇，但其却是一个传统的商贸集镇，南宋时期就已经粗具规模，明清之后，慢慢有了经销茶叶的历史，商人云集，成为一个区域性的商贸中心。"买全国茶、卖全国茶"的峨桥茶市，不只经营茶叶及与茶相关的茶产品、茶具、茶包装等，近年来还研制创造出了许多新品种及知名品牌，如"芪灵保健茶"，荣获全国新产品发明的银奖；由程思远先生题名的"中国野茶"，则连续三年成为春节联欢晚会的专用茶。

以茶业经济为特色的峨桥，近年来不断扩大其茶业规模。不仅在全国各地进行茶叶销售，建设"峨桥茶庄"与茶市分销公司，还远销到俄罗斯、欧美、东南亚等国家与地区。经历了露天集市—固定摊位市场—批发市场三个阶段的峨桥茶市，近年来在建设集茶文化展示、贸易、茶叶博览、保鲜、包装、质检、信息交流、科研开发于一体的综合性茶业国际大市场的目标中不断努力，为带动第三产业、实现大农村茶经济发展而努力。

（七）安溪全国茶叶批发市场

2014年，安溪全国茶叶批发市场被评选为"2014年度全国农产品批发市场行业（茶叶类）十强市场"。在此之前，安溪还获得"全国重点茶市""全国农业旅游示范点""全国诚信示范市场"等荣誉称号。安溪全国茶叶批发市场是一个集茶叶综合贸易、信息交流、品牌展示、茶

■ 安溪全国茶叶批发市场

文化传播及推广、茶文化旅游等为一体的茶业城，规模宏大，共有三个茶叶交易大厅，约3 000多个交易摊位，还配备接待中心、服务中心、茶叶质量检测中心、价格指导服务中心、网上交易中心、茶文化博览馆以及客运、酒店、物流等一系列服务设施。

安溪全国茶叶批发市场是全国最大的乌龙茶集散地，已经成为安溪茶产业的形象窗口、茶文化及信息交流的重要平台、茶叶贸易的重要阵地，更是近年来茶文化旅游的热点。安溪全国茶叶批发市场不仅促进了安溪茶产业及安溪经济与文化社会的发展，更加快了我国茶业、茶文化旅游的发展进程。

（八）济南茶叶城

山东济南茶叶城于1996年开业，至今已有二十余年的历史。拥有两座集茶叶展览、茶叶交易、茶艺茶道表演、茶文化交流、电子商务、茶叶质量检测和茶艺师培训中心等多功能于一体的现代化综合大楼，之后陆续扩大规模，茶叶城沿街建有极具民族风情的茶楼一条街，2009年建成仿古建筑"聚茗阁"及5 000余平方米的现代中心广场。济南茶叶城经营茶叶及相关产品上万种，包括茶具、茶包装、茶文化用品等，拥有近700家来自云南、广西、广东、福建、浙江、安徽、山东、中国台湾等16个主要产茶区的驻场茶商、茶农、茶厂客户等，交易范围囊括东北三省、陕甘宁及新疆、内蒙古、北京、天津、河南等省（自治区、直辖市），有"中国茶界的晴雨表"之美誉，是中国茶叶的集散中心、南茶北销的枢纽、连接生产和销售的绿色通道及茶事活动的重要基地。

（九）郑州国香茶叶城

郑州具有3 600多年的历史，是全国的物流和文化中心，被视为东

■ 郑州国香茶城

引西进的桥头堡和南茶北销的集散枢纽。而郑州国香茶叶城作为中原首家特色茶文化街区，是一座集茶叶、茶具、茶饮品等系列产品的展示、配送、交易、茶文化传播及交流为一体的现代化特色茶叶园区，具有"国韵茶香"的文化底蕴，也是一个集商贸、文化、旅游于一体的中原茶城。国香茶城具有永久式的欧式临街商铺建筑，茶城中心广场不仅设有茶圣陆羽汉白玉雕塑和大幅石刻的茶经书雕，充满艺术风情的红色剪纸广场还经常举办形式各异的茶文化活动；国香茶城还是佛学文化传播中心，重在传播"禅茶一味"的文化内涵；国香茶城最吸引人的当属二楼的精品馆，馆内物藏丰富，从文玩到茶，应有尽有。

国香茶叶城有近十万平方米超大面积及专业化的经营模式，其目标旨在引领中原茶界，弘扬中原茶文化，打造中部地区最大的茶叶销售和茶文化传播基地，为国内外茶文化传播与交流提供国际化的纽带与平台，带动中原茶产业及郑州经济的发展。

（十）昆明康乐茶叶城

云南昆明康乐茶文化城是云南省最大的普洱茶交易市场，占地面积近250亩，现有商户800家，有名优茶拍卖中心、云南名优茶叶博物馆、茶艺表演厅、茶文化艺术书画作品展、茶艺培训认证、茶文化产品出版发行等，意在使康乐茶城成为规模大、设施一流、功能完善，集茶贸易、旅游观光、民族文化为一体的茶叶交易中心。

康乐茶城面向东南亚及南亚国际市场，具有浓郁的民族特色，创新利用云南古朴浓郁的品饮方式及饮茶习俗，研究开发具西南特色民族文化的现代茶馆、茶艺。其商铺出租率达100%，其中知名企业（商家）占80%，主要为来自中国香港、中国台湾及福建、浙江等地的知名茶业厂商和云南省主要茶产地的名优特茶的茶企业。

（十一）松阳浙南茶叶市场

浙南茶叶市场位于国家级生态示范区、中国名茶之乡、浙江良种茶之乡——浙江省丽水市松阳县城。市场始创于1993年初，2008年12月被农业部命名为"农业部定点市场"。

市场交易茶类丰富，有松阳银猴系列茶及其他各种档次的条形、扁形、卷曲形、针形等名优绿茶，销往北京、上海、江苏、山东、广东、陕西、甘肃等20多个省（自治区、直辖市），还远销港澳、欧美、东南亚等地。

浙南茶叶市场是浙南地区最大的茶叶交易集散中心，于每年2月初开市，清明时节最繁盛。最繁盛时期每日交易人数可达万余人次，交易额达2 000多万元，促进了松阳及周边县市的农村经济与松阳茶文化的发展与传播。

（十二）新昌江南名茶市场

新昌江南名茶市场的前身是浙东名茶市场，是全国最大的龙井茶交易市场，也是新昌县第一家五星级专业市场和 AAAA 级最佳旅游观光休闲景点之一。

　　江南茶市于2008年3月开市，目前已引入全国各大茶叶品牌、茶机械、茶包装、茶具及茶点等多种经营产品，拥有茶博馆、检验检测、银行物流、宾馆餐饮等服务功能。开业以来，茶市以其便捷的交通优势、完善的硬件设施、产业集聚的市场基础，吸引了全国各地的茶商、茶公司入驻，将新昌江南名茶市场打造成全国精品茶及茶产品交易中最大的绿茶交易市场。新昌江南名茶市场2008年被列入"农业部定点市场""浙江省骨干农业龙头企业""浙江省三星级文明规范市场""浙江省重点工程"，"大佛龙井"先后获得"浙江十大名茶""浙江省著名商标""中国十佳地理区域标志""中国农业名牌产品"等称号。

■ 新昌江南名茶市场

第四章 游学交流型茶文化旅游

一、 游学的历史

　　游学是全世界各种文明中最为传统的一种学习教育方式。游学历史悠久，且横跨东西方。如带领弟子周游列国的孔子、西方取经的玄奘、各地传教的耶稣、意大利旅游家马可波罗畅游中国、日本遣唐使的历史等，都显示出从古到今游学的丰富信息。古时候的游学是一种在华夏大地范围内相互问学请教的交流活动；而现代的理解大致是离开自己所熟悉的环境，到另一个全新的环境求学、游玩。

（一）游学的兴起

　　如商衍鎏所言："游学之事甚古，春秋之时已盛，及至战国，诸侯并争，厚招游学，如苏秦、张仪之徒，见于史传者难于详数，然不过自齐适楚、自楚适秦之类，仍不出于中夏也。"游学出现在春秋之前，并在春秋战国时期兴盛。有关游学的记载，如《韩非子·五蠹》："是故服事者简其业，而游学者日众，是世之所以乱也。"这里的"游学"指的是游侠和儒生。春秋战国时期，"礼崩乐坏"，百家争鸣，各家各派思想齐放，争相研究治国治平之术；诸侯争霸格局下，社会动荡，诸侯国为称霸天下，纷纷养贤纳士；再加上动荡格局下，奴隶主阶级与新兴地主阶级争权夺利，需要出谋划策的门客及谋士，因此，游学之风愈来盛行。

　　春秋战国时期的游学之士们大多出身寒门，生活贫瘠困苦，为了实现自己的理想抱负，采取周游列国的方式宣传自己的主张，希望通过自己的学识以及才能，获得诸侯国君等的赏识，达到"以布衣取卿相"的功利目的。《史记·春申君列传》："（春申君）游学博闻，事楚顷襄王。顷襄王以歇为辩，使於秦。"春秋战国四大游说公子之一的楚国春申君黄歇，游学博闻，最终以庶民之身登上相位，受封为君。

春秋战国时期的游学不限阶层，不限地域，形式多样，打破"游不及庶人、乐仅限大夫"的固有局面，促进了游学的文化层次提高及受教范围的扩大，使士人丰富了知识，开阔了眼界，使庶人通过学识才能改变命运、参与政治，直接产生了一个自信、乐观、有强烈使命感责任感、追求独立自由的士人知识阶层，促进了春秋战国时期学术文化的繁荣、社会道德礼教的灌输及社会思想的变革。

（二）游学的发展

（1）**两汉时期**《吕思勉读史札记》中所言："及汉世，学术既一于儒矣，离乡背井，所闻不过如此，而其好游反甚于古人。此则又使人惊叹于事势之迁流，有非拘于常理所能测度者也。"游学之史虽由于高度集权统一、焚书坑儒的秦朝戛然而止，不见史志记载，但是汉武帝的"独尊儒学"政策、西汉经学的兴盛及东汉的政治因素，使游学之风反盛于之前。

西汉时期，汉武帝中央集权及思想的加强统一，使西汉的游学产生了新的变化与发展，进入了一个发展的兴盛期。《后汉书·方术传》道："李郃字孟节，汉中南郑人也。父颎，以儒学称，官至博士。郃袭父业，游学太学，通五经。"西汉经学盛行，甚至诞生了一些经学世家，其弟子们为了丰富知识，选择了游学。西汉是两汉乃至春秋战国时期最接近游学的精神追求本质的时期。

东汉时期的游学之风尤其盛大,具有强烈的"政治性",出现了"处士山积,学者川流"的盛况,但是士人游学,重在"游",不在"学"。东汉中后期,政权动荡,外宦把权,败坏朝政风气,士人不能通过公平的渠道入朝为仕,只能通过游学结交权贵名士,"以游求官",获得名利与政治社会地位。

(2)魏晋南北朝时期 魏晋南北朝时期的游学主要为僧侣之游,且因当时时局动荡,民不聊生,世人开始探讨起人生哲理,促进了玄学的兴起以及道教、佛教的畸形发展,产生了"仙游""玄游""佛游"等历史。

《晋书·阮籍传》道:"籍本有济世志,属魏晋之际,天下多故,名士少有全者,籍由是不与世事,遂酣饮为常","或闭户视书,累月不出;或登临山水,经日忘归。"由于魏晋南北朝的黑暗腐败,文人世人为逃避黑暗现实,皆不理现实俗世,追求一种观览自然山水、陶冶情操、钻研玄机玄理的自由,这就是独具南北朝特色的"玄游"。

■ 武夷山天心永乐禅寺

南北朝时期，追求长生不老的道教渐渐成熟，世人为"羽化而登仙"纷纷出走游览山河各地，此便为"仙游"。世人游览寻觅各处幽深僻静的山水河洞，企图从中找到登仙妙药或避世仙人，以求点化修炼成仙。

由于玄学与道教太偏离现实，魏晋南北朝的统治阶级便将目光转移到追求"因果报应""生死轮回"的佛教，并大力支持提倡，佛学渐渐成为主流。至于"佛游"，主要就是僧人西行取经求法，再将抄写翻译的经本带回，以求圆满。

（3）**隋唐时期** 隋唐时期，科举制度诞生，即使是出身贫寒的文人，只要有学识才华，便能有机会参与政治，进入仕途，因此开始通过游学丰富资历见识，增长学识。但是，科举落第者远远多于科中之人，再加上斗争激烈的政治环境，使一些文人寄情于山水，通过游山漫水结交志同道合之士，陶冶心境，寄抱负于自然河山。如唐代诗仙李白，年少时便离蜀出走，"仗剑出国，辞亲远游""南穷苍梧，东涉溟海"，尽情漫游山野南北。

■ 新昌大佛龙井茶文化节

隋唐时期的佛教也日渐兴盛，甚至诞生了天台、三论、法相、华严、律宗、密宗、净土、禅宗八大宗派，佛教的思想理论也渐渐与传统文化互相交融、影响，因此，一部分的文人们便也开始与佛教产生联系。各大派佛教徒为了宣扬理论，获得世人支持，化缘漫游大地，传播、翻译、寻找佛经，最为大家所熟知的便是玄奘西天取经的典故。

（4）**两宋时期**　宋朝范仲淹的《岳阳楼记》中有"先天下之忧而忧，后天下之乐而乐"。两宋时期的政局动荡，国土不整，北宋的国土版图不及唐朝的三分之一，常受辽、金、西夏的侵扰，外忧内患，因此，两宋时期的游学多是激发世人忧国忧民、报国爱国的壮志情怀。

两宋时期占据主导思想的是理学，追求安分守己的理念，对当时游学的思想影响甚大。世人游赏田园风光，追求景物的理趣，追求格物致知、明理见性，重在游理，从而领略大自然乃至人生处世的行为规范。例如，周敦颐的《爱莲说》，表达出作者为人处世的一种思想境界与原则，"文以载道"；著名理学家朱熹，推崇格物致知，借景寓理趣，还认为教育的作用便是改变人的气质。"为学乃变化气质耳"，通过教育来改善气质，将"气质之性"变为"天地之性"。朱熹主张教育的目的为"明天理，灭人欲"。"学者须是革尽人欲，复尽天理，方始是学"。朱熹还认为不同阶段教育任务不同。小学教育，主要是"教之以事""礼乐射御书数，及孝弟忠信之事"；大学任务则是发掘和探究事物之理，"大学是穷其理""小学是事亲事长且直理会那事，大学是就上面委曲详究那理，其所以事亲是如何，所以事长是如何"。总的来说，朱熹的教育思想，如其在《玉山讲义》中所言："故圣贤教人为学，非是使人缀辑语言、造作文辞、但为科名爵禄之计，须是格物、致知、诚意、正心、修身，而推之以齐家、治国，可以平治天下，方是正当学问。"

宋代游学重理趣，可从理学大师、文人学士、佛僧及道士的旅游活动与观念中表现出来。如唐宋八大家中的曾巩、苏轼、王安石等诗人、文人，都追求从游学中得理趣；佛、道间人士出入于庙堂与山门之间，于山水庙宇之间坐禅"仙游"得理趣。

■ 蒙顶山茶旅——雅安

（5）元朝时期　由蒙古族统治的元朝，其用人理念与中原传统王朝不同，科举制处于长期废止状态，儒士基本无法依靠科举的途径做官，而儒士出游，一般有游学与游仕两种目的。因此，大规模的游仕之风与儒士的游学之风开始盛行。蒙古政权在思想文化方面与教育管理方面都比较宽松，官学不仅不禁止外地的游学之士，还提供饮食、住宿等各种有利条件，不限制他们的来去行动。与此同时，一些民间授徒的学者、条件较好的书院、义塾等公开接纳游学之士，元代游学之风非常盛行。

元代儒士游学的目的是学习知识，以便之后做官显达，且由于地域教育发展不平衡，教育发达的江浙一带，成为游学中心，官学和民间私学的游学盛行一时。但是，另一方面由于元代儒士的艰难处境使很多士人为了出头，想要通过游历来交结权贵，解决衣食住行等生活资料，由此大规模的游仕之风盛行起来，扩大了游学的风气。

（6）明清时期　明清时期为了加强社会稳定与政局稳定，统治阶级扩大了专制统治，以行政手段控制思想，通过大兴文字狱与实行科举考试（以八股文为文章格式，《四书》《五经》的文句为命题，朱熹的思想学识为解释）把文人士人的思想局限在孔孟之道和程朱理学之中，限制了明清游学的发展。

"林下风流"是明代最具特色的游学。林下，顾名思义，树林之下，意指幽静之地，形容闲雅、超脱，后指"罢官退隐"。明朝前期，由于高度集权的专制统治，再加上阳明心学的影响，一些士人弃官归田，寄情于山水，求知求乐；明朝中期，西方科技及资本主义萌芽的出现，"经世致用"思潮出现，一些学者摒弃空谈，开始注意探索自然科学奥秘，变空谈、不务实际的风气为钻研实物的学风，"对天地问难，向山水求知"，把"游学"作为追求知识和研究探索的一种方法，赋予了其深刻的科学文化内涵。其中，最知名的产物便是被誉为"千古奇书"的《徐霞客游记》，书中涉及徐霞客游历之处的地理、地貌、地质、水文、气候、植物、农业、矿业、手工业、交通运输、名胜古迹、风土人情等，具有极高的科学和文学价值。

清朝的统治机构除了大部分沿袭明制，还作了一些改变，利用满汉联合统治来促进社会稳定。再加上思想上的控制（提倡程朱理学与大兴文字狱），使一些汉族士大夫在报国复国未遂的情况下，失望至极，便踏上了重实学游步寄志的游学之旅。提倡实学、强调务实，是清代文人学士游学的基本精神。他们反对死读书，反对义理之学，追求经世致用的实学，再加上士人们不甘于满族统治，于是纷纷踏上了重实学、重事功的游学考察活动。

近代，鲁迅先生在《写在劳动问题之前》也讲到"游学"的重要性，他说："我虽然不知道劳动问题，但译者在游学中尚且为民众尽力的努力与诚意，我是觉得的。"

■ 蒙顶山茶旅——皇茶园

二、 游学的作用

1. 增进学识，开阔视野，利于交友出仕

孔子言："君子怀德，小人怀土"，"士而怀居，不足以为士矣"。即君子不要留恋故土，要通过游学来增长见识，去实现自己的目标与理想。于是，孔子便带领弟子们周游列国，增长学识，开阔视野，通过游学培养弟子们的三观与性格品质。"读万卷书，行万里路"，因此，孔子门下能人、贤士众多。

游学者通过游学拜名师、结交志同道合之人与名士权贵，"识得其名人巨子贤士大夫，所谓友天下之善士也"。如孔子、孟子等，周游列国，宣传自己的思想和治国之术，除了修养自身之外，就是为了吸引权贵注意，以便入仕显达。古时信息闭塞，对于庶人来说，只能通过游学宣传展示自己，依靠游学与名儒权贵相识，建立起自己的人脉关系网，获得名望与地位。

游学从古代发展延续到现代，日渐发达，现代人通过游学增长见识，拓宽视野，结交各国各地友人，互相交流切磋知识与文化，同时培养自己的独立自主能力与性格品质，甚至影响现代人的世界观、人生观、价值观。

2. 游学促进各国各地文化交流，造就人才

游学的意义不仅仅是旅游活动，还具有增长见识、传播思想、求师问道的作用，这些作用促使了其文化交流功能的产生。文化交流是文化之间相互沟通、采借、冲突与融合的过程。如意大利旅游家马可波罗畅

游中国，把西方文化思想与科技在中国传播，又把中国的文化知识带回欧洲，促使两种文化互相交流融合，相互影响。

游学促进了人才的产生。古代的游学造就了许多著名的大师，客观上也起到了国民礼仪道德教化的作用，加强了封建社会思想统治的稳定性，有助于维持社会秩序。游学促进了世界知识的交流与共享，使各国文化相互传播、融合，丰富文化内涵，在一定程度上加快了世界文明进程。

三、 游学交流型茶活动

1. 茶培训活动

推广茶文化知识，促进茶文化传播，以及蓬勃发展的茶行业，促使人们开始追求更丰富的文化生活，与茶相关的培训活动日益增多。如中国茶叶博物馆在杭州对中小学教师进行免费茶艺培训，社会化茶培训行业兴起，农业部门送专家下乡培养制茶高手，开办茶叶科技培训班等。

中国茶叶博物馆是国内迄今为止唯一一家以茶和茶文化为专题的国家级博物馆，是茶文化研究、茶文化活动、培养茶艺师的重要组织机构，肩负传播茶文化的重要任务。博物馆不仅常年配备讲解员及茶艺表演员为观众讲解和表演，还配备专业技术人员宣传茶科技、茶文化及茶艺知识，给杭州的中小学教师免费培训活动就是其中一项宣传教育工作。培训课程包括理论课、实践操作课及考核三个部分。理论课主要内容是茶的分类、加工、历史文化、泡饮等；操作课包括杯泡绿茶茶艺、壶泡乌龙茶茶艺或盖碗泡花茶茶艺三个内容；最后便是考核颁发茶叶博物馆的教师茶艺培训证书。此培训活动利用教师的职业特殊性，能够较大程度地深化及扩展后续茶文化知识的传播，弘扬中华茶文化。

随着茶行业不断地发展扩大，各地各种茶行业培训机构应运而生，包括茶艺师培训、评茶师培训和茶叶企业内部培训。培训内容从基础的茶类知识、茶艺操作开始，之后逐步加深茶学内容。培训的学员来自不同的社会群体，且年龄职业各不相同，大致上可分为职业需求型和兴趣爱好型两大类。职业需求型的学员大多从事茶相关行业，需要茶艺师证、评茶员证或想要提高专业知识与技能；兴趣爱好型的学员便是纯粹喜欢热爱茶学、茶艺，想通过专业机构的培训提高素养、学习茶知识。社会化的茶行业培训机构不只是培训传授茶叶知识和茶艺、评茶技能，还起着普及传播茶文化的作用，是引导社会爱茶者相互交流学习的重要机构。

我国虽然产茶区多，但是茶农的制茶技术还达不到专业化。在浙江省东阳市，为了让茶农掌握并增进制茶技术，从20世纪90年代开始，农业部门便组织制茶专家下乡培训，亲自示范制茶过程，教茶农辨别茶叶的形、色、香、味等，还成立了茶农们相互交流与切磋的平台——茶叶专业合作社。制茶培训提高了茶农的制茶技术，拓展了茶农的制茶思路，增加了茶农的经济收益，促进了东阳市茶文化和茶经济的双赢。举办茶培训活动的还有如武夷岩茶采制体验、龙井手工制作学习、普洱茶手工制作学习、茉莉花茶手工制作学习，等等。

■ 长沙花语茶香培训学校的讲课现场

茶农管理茶产区，不仅要提高制茶技术，还要加强茶园的管理、茶叶管护和种植知识的完善。广西昭平县举办茶叶科技培训班，向广大茶农集中授课、发放资料、现场操作以及面对面交流培训，传授茶树秋冬季管护技术、新茶园规划建设、种植技术、茶苗供应、茶需物资等方面知识，争取减少茶叶病虫害，实现来年茶叶的优质、高产，推进昭平县茶区茶叶增收与农业经济发展。

2. 茶教育活动

各种茶文化活动的举办，使茶叶从一种饮品、一种农产品渐渐发展成为一种文化、一种教育内容。而宣传茶文化，加强茶教育，应该从小抓起，从基础教育开始。

在日本的抹茶产地——爱知县西尾市，从21世纪初开始，就在西尾市的小学、初中、高中开展采茶教育活动、茶会活动、茶综合教育、茶水漱口活动等相关的教育内容。通过教育活动，学生们学会了尊重劳动、互相协作，了解了茶叶健康与茶道礼节，提高了自身的素质，促进了茶叶发展与茶文化宣传。

世界名茶铁观音的发源地福建安溪也陆陆续续开展了茶教育活动。从安溪县的沼涛实验小学开始，实施"以茶文化教育为载体，全面实施素质教育"的办学理念，

■ 南京市浦口外国语学校进行茶艺（道）体验

校园里配有少儿茶艺表演室、茶叶苗圃、茶叶初制全流程的制作工场等，课程包括活动课程、地方课程及劳动课程等，茶季里组织学生在茶区、茶园参加实践活动，了解安溪茶叶的历史、品种、栽培、生产、加工、经济等文化知识（包括安溪的茶艺、茶俗、茶谚、茶歌、茶诗、茶联、茶舞、茶戏等内容），提高学生的动手能力，体验劳动乐趣，了解安溪融种植业、加工业、商业、运输业、旅游业、饮食业、房地产业等为一体的现代茶业经济，提升学生整体的礼仪、仪态及精神素质。

3. 茶人遗迹游

茶圣陆羽，字鸿渐，唐朝复州竟陵（今湖北天门市）人，幼时便被爱好饮茶的复州竟陵龙盖寺的智积禅师收养，在智积禅师的教导熏陶下，学会了"买茶、烤茶、碾茶、罗茶、烹茶和饮茶"，但因陆羽爱好吟读诗文，便弃佛从文，逃离寺庙，认识了淮南王李神通的重孙、天宝中左迁竟陵太守李齐物与竟陵司马崔国辅，得以研习儒学，与友品茶论道。正如蒋寅在《大历诗人研究》中所道："鸿渐见赏于李齐物，蒙授诗集不仅使他入于世流，同时也使他得到诗学上的实际教益，激励他去研习诗歌。"再由《唐才子传·崔国辅传》记载，礼部侍郎崔国辅"天宝间，坐是王鉷近亲，贬竟陵司马。有文及诗，婉娈清楚，深宜讽咏。初至竟陵，与处士陆鸿渐游，三岁，交情至厚，谑笑永日。又相与较定茶水之品。"

751—756年，陆羽从家乡荆楚大地出发，沿汉水、长江、淮河流域实地考察、鉴泉品茗；安史之乱时，陆羽为避乱渡长江到江南地区考察，游历了湖州、苏州、上饶、杭州、常州、润州、越州、姿州等江南东、西两道主要产茶区，亲临长城县（今浙江长兴县）顾诸山、义兴县（今江苏宜兴县）唐贡山等茶山及茶园实地采茶、品泉，开展茶学研究。

之后《茶经》中便有了"顾诸紫笋、会稽仙茗、杭州灵隐、天竺所产之茶（即西湖龙井）和宜兴阳羡茶"等一批唐代名茶。

唐上元初年（760年），陆羽隐居"苕溪之滨"（即湖州天目山菩溪），"闭关对书"，如《陆文学自传》中记载："上元初，结庐于苕溪之滨，闭关对书，不杂非类，名僧高士，谈宴永日，常扁舟往来山寺……"，最后闭关诞生出世界上第一部茶学著作——《茶经》，奠基了世界茶文化交流的基础，为中国茶业乃至世界茶学界作出了卓越贡献。

4. 探访茶路游

（1）茶马古道　茶马古道被誉为中国南方的"丝绸之路"，是东西方互联的"脐带"，也是连接世界上不同民族和不同大陆的一条纽带，最早是以"茶马互市"的形式出现在世人的眼前。"茶马互市"是古代传统的一种以茶易马或以马换茶为内容的贸易往来。

南北朝时期，中国茶叶开始传播到海外，通过与蒙古毗邻的边境，将茶叶"以茶易物"传送到中亚地区，再转运输到西亚、东南亚、欧美非等地区。隋唐时期，随着丝绸之路的开通与发展，茶叶通过"茶马交易"经西域等地转运至西、北亚以及阿拉伯等国家，再通过西伯利亚，最后到达俄国及欧洲各国。明清时期，根据清代阮福的《普洱府志》记载，茶马古道是以云南普洱为起点，交错延伸到各个方向各个地方的，分为东北路、西北路、东南路、南路及西路等路线，这五个方向的路线把各茶山的茶叶输送到思茅地区加工精制后，沿茶马古道的西北线路运销至西藏、尼泊尔及印度等地，沿南边路线运销至东南亚地区，最后沿东南线路及东北线路等内销至全国各地。随着茶马古道的不断发展壮大，其线路越发复杂、规模越发庞大，其主要有三条线路：青藏线（唐蕃古道）、滇藏线及川藏线。青藏茶路始于唐朝，发展最早，从长安迤逦西行，经甘肃，到青海，过日月山，经大河坝，到达黄河源头。滇藏茶路自云南西部洱海一带产茶区，经丽江、中甸、德钦、芒康、察雅至昌都，再由昌都通往西藏地区。川藏茶路则随着茶马古道的发展，成为影响最大、最知名的一条线路。川藏茶路以今四川雅安一带产茶区为起点，首先进入康定，自康定起，川藏道又分成南、北两条支线；北线：从康定向北，经道孚、炉霍、甘孜、德格、江达抵达昌都（即今川藏公路的北线），再由昌都通往西藏地区；南线：从康定向南，经雅江、理塘、巴塘、芒康、左贡至昌都（即今川藏公路的南线），再由昌都通向西藏地区。这三条茶路覆盖了我国整个"西方诸部落"，以马帮为主要交通工具形成了庞杂的道路网络系统和贸易网络系统。

茶马古道是由一群来自不同民族及不同地区，兼具刚毅、智慧、勇敢的马帮人组成，他们赋予了茶马古道生命的气息，促使各民族文化、风俗及宗教信仰互相交流、和谐发展，使茶马古道成为"一条中外交流通道，一条宗教传播大道，一条文明文化传播古道，一条民族迁徙走廊，一条民族和平之路"。

■ 茶马古道各条路线示意图

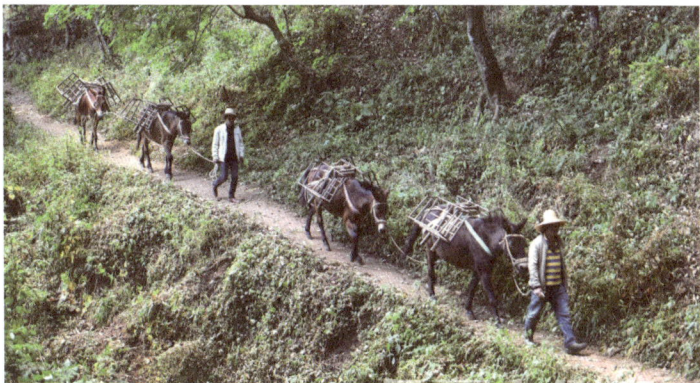

■ 茶马古道上的马帮

（2）**万里茶路** 18世纪中叶到20世纪初，山西茶商以福建武夷山下梅村为起点，以及湖南安化、湖北羊楼洞，然后将茶叶汇集至汉口，开辟了一条经湖北北部和河南南部，再经山西、内蒙古，跨外蒙古至恰克图，然后由乌拉尔直至莫斯科、彼得堡及欧洲地区的新国际商道。这条穿越了亚欧大陆、全长1.3万多公里的茶叶贸易商道被称为万里茶路，辉煌了近两个世纪，创造了前所未有的商业价值，成为经济全球化的一个成功典范。

据历史记载，万里茶路得以产生，俄国功不可没。17—18世纪，俄国贵族送给沙皇从蒙古商人手里换来的武夷茶，沙皇十分喜爱，武夷茶便渐渐受到整个俄国贵族的喜爱，使俄国出现"宁可三日无食，不可一日无茶"的景象。之后，中俄签订《恰克图条约》，为武夷茶的输送提供了保障。南北两大家族（晋商常家和下梅邹家）通力合作，晋商从武夷山下梅等茶区采购茶叶，经水运、骡马驮运等方式北上至归化城（今呼和浩特市），再用驼队跨越1000多公里的荒原沙漠，最后到达边境口岸恰克图，与俄罗斯商人进行茶叶贸易，再由俄国交易输送到中亚及欧洲各国，中国的茶文化由此传遍世界，向西方传送中国的农业文明，同时也引进了西方的工业文明。万里茶路传输给世界的不止是中国茶文化，同时也促进了东西方文明的交融，对世界各国的经济及文化产生了巨大影响。美国的一本历史学著作——《茶叶之路》中说道："万里茶路的载体是茶叶，它在不同民族的人们生活中意义深远重大，又可以用来追踪一个大陆上人们生活的轨迹。"俄国至今仍称赞万里茶路为"伟大的茶叶之路"。

5. 茶技艺交流与发展活动

2011年6月13日，福建漳平市永福镇举办了第三届海峡论坛——永福高山茶品评会。此次品评会是第三届海峡两岸特色乡镇交流对接主要活动之一，除此之外，漳平市还举办了漳平水仙茶、官田铁观音茶鉴评会等活动，参与者包括海峡两岸的茶叶专家、茶农、制茶师及乡镇代表，深入交流制茶技艺、茶文化旅游及农业投资合作等相关信息，让茶农现场得到专家的指导点评，提高制茶技艺，使漳平水仙茶与台湾高山茶共同走向高品质的发展道路。

茶技艺的交流除了促进技艺的提高，还有利于茶技艺传承与发展，对非物质文化遗产的保护具有重要的意义。如被誉为"滇中三宝"之一的云南大理下关沱茶，2009年其制作技艺就先后被列入云南省和大理白族自治州、市非物质文化遗产名录，2011年5月被国务院列入第三批国家级非物质文化遗产名录中。

下关沱茶分为"生沱"和"熟沱"，以优质普洱为原料，荟萃了云南省八个地州30多个县的优质大叶种晒青春茶为原料拼配精制而成，属于紧压茶类。下关沱茶的外形很特殊，从上俯视像包子，从下观察却似陶碗。一百多年来，下关沱茶从创制成型开始，一直在进行技术革新，加工制作工艺也在不断提高与改进，特别是沱茶的压制工艺。沱茶的压制最初采用铅饼压制，将近5千克的铅饼压在放置茶叶的模型中，与古代碾药方法相似，有时需要人站上去压制；1954年，随着近现代西方理论的传播，茶厂创新运用了西方杠杆原理，在木板凳上增加紧茶或沱茶的模具，上面设杠杆进行压制；1959年，茶厂结合了杠杆原理与力矩平衡条件，成功打造了铁木结构的杠杆偏心轮压茶机，摆脱了用木凳、杠杆、人力压茶的落后工艺，提高了标准化程度与生产效率，使沱茶的制作具有规范化。

再如湖北羊楼洞砖茶的技艺发展。湖北省赤壁市的羊楼洞在古代是我国重要的产茶区，因盛产青砖茶而被誉为"砖茶之乡"。从古至今，茶叶的饮食方式及加工技艺随着时代的需求不断变化与发展，最大的变化是从团饼茶向散茶的变化过渡。而青砖茶是经历了团饼茶、帽盒茶的阶段，最后发展成洞砖茶。清朝之后，羊楼洞砖茶贸易达到鼎盛，俄商为争取茶叶利益到羊楼洞开办砖茶场，将先进的工业文明引进茶产业，以蒸汽机取代人工进行压砖，逐渐实现了由手工向机器加工的过渡，极大程度地提高了砖茶的生产效率与产品质量，再将压制的砖茶远销至内蒙古地区与俄国，羊楼洞还因此被称作"小汉口""茶马古道"的源头。

■ 下关沱茶与羊楼洞青砖茶

民俗体验型茶文化旅游

第五章

一、民俗茶文化旅游概念

所谓民俗，是指一个地方的民众在物质文化、精神文化和家庭婚姻等社会生活各方面的传统习惯，具体反映在各地方民众的服饰、饮食、语言、建筑审美、生产生活、文娱节庆、婚姻信仰等方面，其民俗特征反映了当地民众的文化历史，深深地打上了他们生活环境的烙印。

■ 茶事活动

民俗茶文化是人们在长期社会生活中，各地逐渐形成的以茶为主题或以茶为媒介的风俗、习惯、礼仪，是一定社会环境、政治经济、文化形态下的产物，随着社会形态的演变而变化，具有较强的地方烙印，与当地风俗习惯紧密相连。

民俗茶文化旅游是以每个地方独特的民俗风情为基础，体会各地不同的食茶、饮茶、用茶等风俗习惯，通过旅游者的参与和互动，让旅游者跳出观光，更深入的感受地方风土人情，了解当地人与茶的情感，通过旅游细节体会旅游产品的内涵和魅力，从而获得更直观和深刻的旅游体验。

"十里不同风，百里不同俗"。世界茶区辽阔，各地地理环境、饮食起居、文化信仰等皆有差异，茶在各地民众生活中的作用各不相同，因此不同地方的人们对茶的情感和理解也完全不同，而饮茶风俗又反映了一个地方的生活形态，因此也呈现出五彩缤纷的特点。真正去往茶区，感受各地的风土人情与截然不同的饮茶方式，让游客对茶有了新的认识。

二、民俗茶文化旅游特性

（一）原汁原味

坚持地方特色、民族特色，突出地方个性、民族个性，是开发民俗旅游资源的基本方向。不同的地理环境、经济背景形成了完全不同的风俗习惯，应在保持这种民俗文化原生态的基础上，挖掘特色。尊重当地的原生文化，避免因开发造成自然和文化污染，避免民俗文化被随意庸俗化、低俗化，失去本地特色，避免把城市现代化氛围大量移植到原生态的茶乡中，失去原乡的自然和淳朴，这样才能带给旅游者真实的体验和感受。

（二）社区参与

社区居民的参与意识是决定地方旅游发展成败的重要因素之一。政府和行业协会要动员当地民众、茶农、茶企人士参与到旅游开发和服务中，提升当地民众的旅游环保意识和茶文化知识，增强地方特有的茶文化氛围，提高旅游产品的吸引力，同时又能让当地民众真正从旅游中受益，促进当地社会经济的发展。

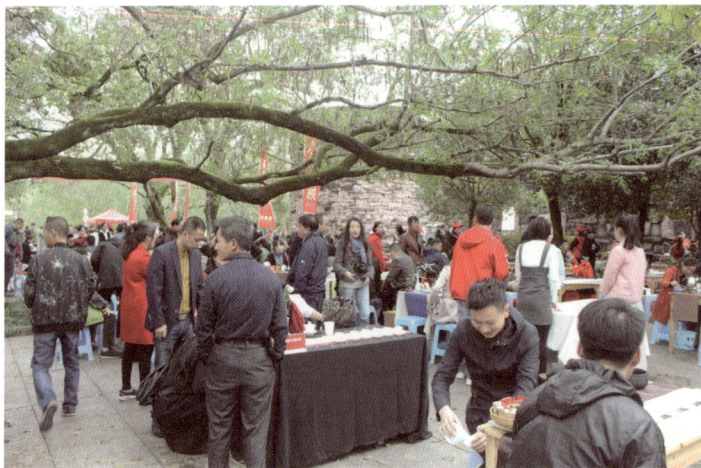

■ 武夷山天心村斗茶赛

（三）游客参与

参与性的民俗旅游在现代消费市场中已逐渐成为人们认可和接受的一种文化行为。在有着浓郁民俗文化氛围的茶乡，因其环境和氛围极佳，为游客提供了体验环境。很多地方的茶区、茶园、茶苑都对游客开放，游客可以亲自参与采茶、制茶、品茶，学习茶道，亲自动手学泡一壶好茶、做一桌茶餐、参与茶歌茶舞的表演，甚至还可以体验当一天茶

■ 浙江羊岩山茶乐园

老板的乐趣。旅游者可以体验、模仿当地人的生产及生活方式，感受和体验当地的风土人情，满怀欣喜地沉浸在民俗文化的氛围和体验中。

（四）教育引导

茶树喜欢温暖湿润、弱酸性土壤、降雨丰富、生态和谐、环境优美的地方，茶区的生态环境很大程度上决定了茶叶的品质。

茶乡的开发应严格遵循可持续发展理论、生态理论、人与自然和谐理论、文化理论。环境是旅游业发展的基础，优质的自然环境和人文风光是吸引旅游者消费的重要资源。旅游过程中通过让旅游者了解茶园的茶文化知识、生态知识和环境知识，从而引发旅游者对人与环境（人与人、人与自然、人与内心）关系的进一步思考，提高个人的环保意识和综合文化素养。

三、不同地域民俗茶文化

　　旅游本身就是一种体验，它收获的是人们内心的快乐、回忆、刺激、联想、满足等多样的体验感受。民俗茶文化具有地域性、民族性、生态性、文化性、异质性等特点，民俗旅游产品的多层次性，可以使游客从旁观到参与、从观众到演员，体验当地民俗文化和茶事活动，收获真实的生活感受。民俗体验型茶文化旅游可以为游客创造良好的体验氛围，使游客愿意主动投入时间和精力参与活动，欣赏到茶区的自然与人文美景、享受自然与人文妙趣，感悟自然与人文神奇，使参与者从中获得实在的生态感知、人文享受和审美情趣，使得感官愉悦，精神升华，从而留下难以忘怀的生态人文体验。

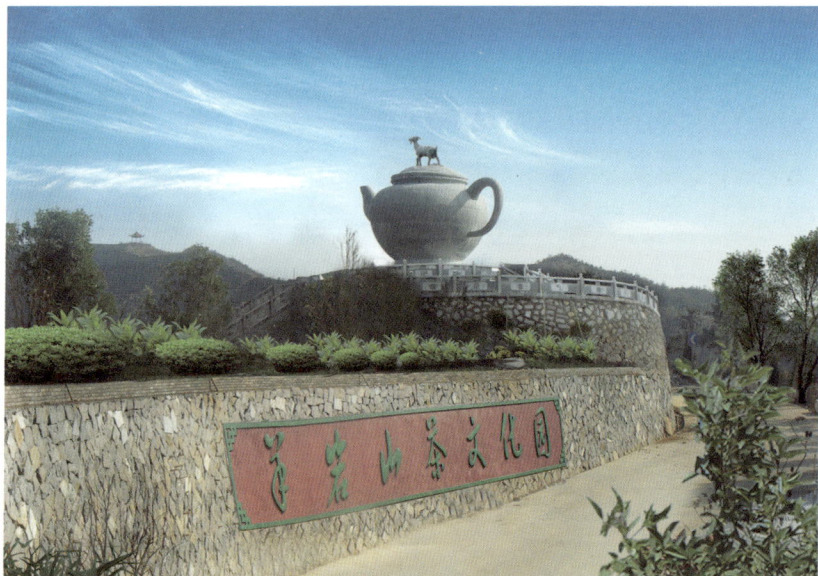

■ 羊岩山茶文化园

民俗文化作为一个地区、一个民族悠久历史文化发展的结晶，蕴含着极其丰富的社会内容。由于地方民俗资源是旅游开发的灵魂，具有独特性与不可替代性。世界茶区辽阔，生活环境、文化以及信仰存在差异，从而形成五彩缤纷的饮茶风俗。

（一）东方的普罗旺斯——云南景迈古茶山

19世纪，一支法国探险队深入景迈山的热带雨林，路易·德拉波特用画笔记录下了这里的普洱小城和不远处的盐井村庄，西方人从此把景迈山称作"东方的普罗旺斯"。不过，这里没有万顷的薰衣草花园，只有葱郁的普洱茶树和清幽的森林。

"留下金银财宝终有用完之时，留下牛马牲畜也终有死亡时候，唯有留下茶种方可让子孙后代取之不竭，用之不尽。你们要像保护自己的眼睛一样保护茶树。"这是景迈山布朗族祖先叭岩冷开垦茶园时给后代留下的遗训。

芒景、景迈古茶山位于云南省澜沧拉祜族自治县惠民乡境内。据考证，这里种茶有近2 000年的历史，祖先濮人也是最早训化、栽培、利用古茶树的民族。整个古茶园占地面积2.8万亩，实有茶树采摘面积1.2万亩，是现今世界上连片保存面积最大的古茶林，可谓是一个天然的古茶树博物馆。当地现存最大的茶树一株高4.3米，基部干径0.5米，另一株高5.6米，基部干径0.4米，茶园内茶树以干径10～30厘米的百年以上老树为主。茶树与其他树木混长在一起，已经形成一个天然的生态群落，古老的茶树上寄生着多种其他生物，栖息着森林里的昆虫与小动物。

叭岩冷是这里有名可考的最早种茶人，芒景布朗族的第一代祖先，也被当地人称为茶祖。现在景迈山芒景村仍有供奉茶祖叭岩冷的庙宇。

布朗族每到一个地方都种茶，从一棵茶树发展到数棵，从一个小寨子发展到几个寨子，从一座山发展到几座山。进入布朗人的每一块古茶园里，都可以看到一棵特殊的茶树，茶树根上栽有一棵神桩、一个供竹篮、一棵仙人掌、一棵鸡蛋花树。看上去这棵茶树要比其他的茶树更大更高，这就是布朗族人的茶魂树。每当新开发一片茶园，在这块地上种的第一棵茶树都要选择最好的日子，举行必要的祭拜仪式后才能够正式种植，以后这棵树就成为这片茶园的茶魂树。茶魂树表明这块地已列为神山，有灵魂，有主人，任何人不得乱砍滥伐，不得栽种其他农作物，不得随意采摘茶叶，违者会受到惩罚。茶魂树的出现，是布朗人发现茶、认识茶并进行人工种茶的一次飞跃。经过数百年的人工种茶，布朗人深刻地认识到茶叶是布朗人生活中不可缺少的财富，当地人把茶叶视作生命的一部分。

布朗族认为万物都有魂（布朗语：阿百），人要善待昆虫，要善待动物、善待水、善待茶树、善待土地，人在神面前是微小的，让茶园里有

云南景迈古茶山茶魂台

许多昆虫，成为蚯蚓的家园；把蜂王树变成昆虫神，这就是芒景蜜香的来源，通过祭祀让虫吃饱了，就可以少吃古茶和庄稼。布朗人对万物怀着一颗崇敬之心，善待周围事物，把自己放小，一切就好办了，这是当地人最古老的自然崇拜，也充分体现了本地人纯朴的自然观、世界观，与现在提倡的人与自然和谐相处不谋而合。

"山康茶祖节"（布朗语：好够龙）是布朗族传统的节日，至今已近1 800届，每年四月十三日，布朗族民众聚集在茶祖广场，祭祀祖先叭岩冷。它与汉族的春节相仿，有除旧迎新的意思，是在新的一年开始之际，布朗族群众表达对祖先的怀念和崇拜，求祖先给予保佑的一项大型活动。

祭茶祖当日，全村的男女老少都身着节日盛装，前往古茶山祭拜茶魂。祭拜茶魂的地方位于古茶山的深处，一片广袤的原始森林，高大树木遮天蔽日，和原始森林相生相伴的是成片古茶树。人们用竹搭起茶魂台，并将所有的供品摆放在上面，在村寨头人的主持下，乡亲们手持点燃的自制蜂蜡，双手合十，虔诚的聚在摆放着各种供品的茶魂台前，倾听布朗部落里德高望重的长者诵读经文。三通叭岩冷战鼓擂响，祭祀茶祖、呼唤茶魂的仪式正式开始，族人都朝着茶祖帕岩冷塑像行三跪九叩大礼，大家三呼茶魂，声震山野，对赋予他们生命和希望的古老茶山顶礼膜拜，给先人敬上糯米饭、糍粑、蜂蜡香、礼钱等，以此来祈求幸福吉祥。

节日期间，还会有传统转山仪式。人们手持蜡条茶叶，舞动着鲜花、树枝，敲起鼓打起锣，跳起传统的象脚鼓舞，传唱着布朗山歌，向保佑他们的"一祖六神"（茶祖、茶神、水神、树神、土神、昆虫神、兽神）敬献祭物。这一古老的祭祀仪式重复了千年，它勾绘出布朗人的文化图腾，也诉说着布朗族人的史诗"我们是谁""从哪里来""要到哪里去"，这些"根"之所系，"魂"之所在的文化遗产，成

■ 云南景迈茶山欢歌

为了布朗族穿越时空，保持独立与完整，走向未来的文化自信与精神纽带。这一传统习俗，现今又成为布朗族同胞向四方宾客展示民族风情的大好礼物，加之期间恰逢茶叶生产季，来自海内外的茶客、游客此时纷纷前来。

为保护好景迈山的自然生态、古茶树、古村落，普洱市政府启动了景迈山古茶园的申遗程序。2009年，景迈山启动申请国家"第七批文物保护单位"；2010年6月，云南省积极开展景迈山古茶林申报世界文化遗产工作；2012年11月，景迈古茶林成功入选《中国世界文化遗产预备名单》；2013年5月，景迈山古茶林被国务院公布为第七批全国重点文物保护单位；2014年，景迈山的万亩古茶林正式入选国家文物局文化景观类遗产。2018年，景迈山古茶林成功入选2018年中国申报世界文化遗产的项目。

政府、文化界、当地村民都在共同努力，保护景迈山的古茶林，传承布朗族的文化，保护人与自然融合的和谐典范，保护普洱茶的原生地。2003年，景迈山布朗族文化研究会成立，推动布朗族文化与传统习俗传承下去。当地通过村约民俗，禁止砍茶树，提倡布朗族年轻人与小孩子穿布朗服装，说布朗语，住布朗族建筑，传承布朗族文化。

2007年，当地民众、茶企共同立下了《景迈山宣言》，宣誓保护那里的一草一木、建筑风貌和人文景观，以敬畏之心，保护种茶先民遗留下来的宝贵遗产。2016年，茶祖庙在景迈山正式落成，这里已成为布朗族村民文化交流的中心。

到景迈山游茶祖圣山、品千年古茶、观千年习俗，感布朗千年文化，已经成为景迈山的一张名片。

附《景迈山宣言》：

今天，我们捧着景迈的泥土，植物和泉水站在这里，我们想让人们听到来自大地深处的声音。

当自然被工业化破碎，大地的呼吸被水泥、柏油、烟尘窒息，塑料和电子的喧哗挤压着人们……星光在哪里？蛙声在哪里？昆虫的鸣叫在哪里？没有了这一切，人的日子在哪里？

我们的景迈山，白色的云雾游荡在我们的屋檐下，风中送来草叶的香味，倾耳还能听得见老祖母轻声的叹息；大树的灵息庇荫着我们一代代子孙的日子、庇荫着小鸟、麂子和牛马的日子；千年的茶园里有祖先汗水浸润过的泥土，在每一片茶叶里都有他们温热的脉息。透亮的泉水从深山里出来……森林、土地、天空中荡漾着使人落泪的宁静与温情。

我们把这一切视为圣洁。感谢大地母亲的赐予！

人们说，这已是北回归带最后的一片绿岛，这也是古老中国的茶树的源头。

人类的贪婪、自大和短视，蒙蔽了人的双眼和智慧。大地母亲养育了我们，我们怎么能去掠夺和征服自己的母亲呢？

我们是大地之子、景迈山之子，我们宣誓：作为现代人，在改善人类生活质量同时，决不能对自然界竭泽而渔。我们要争取立法，保护和尊重地球母亲的生命力和多样性，尊重并保护景迈山每一棵参天的大树、每一棵伏地的小草，每一缕阳光、每一寸土地、每一捧泉水……

吹过景迈的风听见了——

让上苍和大地作证，让景迈的一切生灵作证。

（二）内蒙古草原——奶茶设宴

在西北辽阔的塞外草原上，以放牧为主的蒙古族牧民长期过着毡车毛幕、逐水草而居的生活。草原上季节分明，饮食单纯，牛肉、羊肉、牛奶、羊奶是牧民主要的食物。塞外草原气候干燥，人们很少食用蔬菜，茶在蒙古族人的饮食生活中占据着重要地位，不仅可以解牛羊肉胀气，还可以补充人们所需的维生素C、单宁、儿茶素、芳香油等营养物质，增强人的抵抗力，还能提神、利尿、养胃、解毒、祛火、明目等。茶，汉族人习惯清饮；而到了草原，则与当地饮食紧密结合，形成了独特的蒙古族奶茶。在寒冷的日子里，蒙古族待客时首先端上来的就是一碗热气腾腾的奶茶。

在蒙古语中，"献茶"一词有"设宴款待"之意。每当有客人到来，先按身份次第坐好，妇女在下位操作，先在客人面前的毡褥上摆下小几，上面放着碗，分别盛有炒米、奶豆腐、盐和糖。奶豆腐是蒙古族最喜爱的奶食品，蒙古语称为"额吉格"，其制法是把鲜乳过滤后化成酸凝乳，再将上面的稀乳油取出，把凝乳放入锅中加热，取出分解出的水分，反复用勺背搅拌，待成黏胶状以后，取出放在凉爽通风处晾干即成。然后，女主人将一碗碗奶茶端到客人面前。这奶茶不能一口饮尽，而要留下一部分让主人不断添加，否则会是不恭敬的行为。牧民饮奶茶一般是加盐，为表示对客人的特别敬重，会同时呈上白糖与盐巴，任凭选择添加，品尝咸甜的不同滋味。炒米不容易嚼烂，要放在奶茶中一起饮用。奶豆腐蘸白糖吃，奶香可解茶味之苦，吃上一小块半日不饥饿。主人尽到情谊，客人送完祝福话，这最后一碗奶茶便可一饮而尽。于是，客人施礼相谢，主人出帐送行，这"奶茶敬客"之礼才算完毕。

草原辽阔，蒙古包分布广泛，蒙古族普遍饮用紧压砖茶，茶原料多为黑茶，一是紧压茶便于运输，成本相对较低，耐存放，利于边疆民族的饮用；二是黑茶更有助于消脂化腻，对于肠胃的蠕动极有帮助，且茶性温和。因各地饮食稍有差异，奶茶的制作方法各具风味，常见的有四种方法：

其一，把砖茶劈碎，放入凉水中煮沸，熬出茶色，放适量食盐，最后加入生牛奶。一斤*水可对三两**至一斤鲜奶，煮沸后即可饮用。

其二，把砖茶煮沸出色待用，锅内放入黄油，把糜米或小米炒熟，再把去掉茶根的茶水倒入锅内炝锅，茶滚后放适量食盐，最后加入生鲜奶沸后即可食用。

其三，把砖茶煮沸出色，放入适量食盐，再倒入骆驼奶，煮沸后即可食用。这种奶茶颜色发青，味道特别。

其四，把砖茶煮沸出色，放入适量食盐，再把奶粉用热水调成糊状倒入壶内煮沸即可食用。这种奶茶的味道不及鲜奶茶鲜香味美。

每年7—8月，是内蒙古草原上最舒适的时期，天气晴朗又不燥热，晴风和煦，草原绿意盎然，一片生机勃勃，风吹草低见牛羊，奔驰而过的草原骑士，偶尔飘来远方的放牧声或草原情歌，还有草原深处的蒙古包，并能赶上蒙古族传统的最隆重的节日那达慕。这段时间也往往是游人最多的日子，部分地区推出的"做一日草原牧民"或"蒙古包生活体验"受到越来越多都市游客的欢迎。在这一天里，你可以换上美丽的蒙古族服装，住进蒙古包，早上跟着蒙古族阿妈熬煮奶茶，为家人准备早餐和一天的美食，下午可以跟着阿爸到草场牧牛羊，还可以体验亲自挤牛奶或羊奶的乐趣，尝一下刚刚挤出的热奶滋味，晚上可以好好品尝一

---

* 斤为非法定计量单位，1斤 =500克。   ——编者注
** 两为非法定计量单位，1两 =50克。   ——编者注

下蒙古族美食，幸运的话还能赶上草原上的篝火晚会，并欣赏和学习蒙古族歌舞，与蒙古族姑娘、小伙交上朋友。

（三）多彩遵义——生态文化家园

贵州因地形地貌特殊，山地广阔，民族众多，形成了丰富的地方民俗文化。同时，因交通不便，整体开发较晚，也形成了我国少有的几块待开发的处女地，这里保留了大量的森林和溪流，因地域的阻隔使得这里的文化自成一体，并形成了独特的地域饮食与民族文化，是现今重要的旅游资源。

遵义市位于贵州省的北部，处于云贵高原向湖南丘陵和四川盆地过渡的斜坡地带，地形起伏大，地貌类型复杂，海拔高度在800～1 300米，年平均气温15.1℃，冬无严寒，夏无酷暑，雨量丰沛，气候宜人，享有国家森林城市、中国长寿之乡、中国厚朴之乡、中国名茶之乡等称号。抗日战争时期由于这里独特的地势，曾为革命事业作出了重要贡献，是重要的革命老区。遵义市因处于三省交界处，属于多民族聚居区，现聚焦有土家族、彝族、白族等20多个少数民族，是民族融合和多元文化的区域，也是我国首批国家历史文化名城。这里同时拥有世界文化遗产海龙屯、世界自然遗产赤水丹霞；这里清澈的水源造就了世界知名的茅台酒；独特的气候环境成就了凤冈富锌富硒茶、遵义红、湄潭翠芽等优质名茶。遵义拥有极丰富的旅游自然资源和人文资源，形成了绿色旅游（青山绿水旅游）、彩色旅游（民族风情旅游）和红色旅游相交融的特色旅游。

遵义是红军长征途中一个重要地点，历史上的"遵义会议"对中国近代产生了极其深远的影响，这里建有遵义会议纪念馆。纪念馆位于遵义老城子尹路96号一幢中西合璧的砖木结构的两层楼房，其"遵义会议会址"为毛泽东主席亲自书写。1961年3月被国务院公布为首批"全国重点文物保护单位"。遵义会议会址先后被命名为全国爱国主义教育示范基地、全国红色旅游重要景点、国家ＡＡＡＡ级旅游景区、全省文明风景旅游区。此外，位于遵义市红花岗区境内的红军烈士陵园，坐落在凤凰山森林公园的小龙山丛林中，这里埋葬着为解放遵义牺牲的红军战士，有"红军坟""邓萍烈士之墓""红军烈士骨灰堂""红军纪念碑"。红军烈士陵园松柏常青，已成为著名的全国爱国主义教育基地，每年约有120余万海内外游客前来瞻仰和游览观光。娄山关地理位置得天独厚，有"一夫当关，万夫莫开"之势，曾是川黔交通要道上的重要关口，是红军长征途中第一次大捷的战斗遗址，也是全国爱国主义教育基地、全国重点文物保护单位。

凤冈县位于遵义市北大门，先后获得"中国富锌富硒有机茶之乡""中国名茶之乡""2017年度全国十大生态产茶县"称号。2006年开始，凤冈县以永安镇田坝村为中心，打造凤冈"茶文化乡村旅游区"。田坝村坐落在茶海之中，又有万亩茶园，故称为"西部茶海之心"。这里不仅种植有机茶，还套种桂花树，依靠茶林相间的独特景致，逐步从单一的茶产业向茶旅一体化方向发展。茶中有林、林中有茶、树中有花，茶林相间，行走在茶海之心，在惊叹这里茶海飘香、百花争艳的同时，游客们还可以亲手摘茶、制茶，喝上自己动手制作的茶叶，并将劳动果实带回家让亲朋好友品尝，充分感受到无穷的乐趣。茶海之心拥有陈氏茶庄、仙人岭茶庄、迎春茶院等近40家生态茶庄，这些茶庄各具特色，且茶庄主人系列化的"原生态"待客环节，如今已成为游客修身养性、休闲娱乐的极好之地。

从1975年初到1979年底，曾先后有230多名知识青年来到凤冈县何坝镇水河茶场，接受贫下中农再教育，他们所到之处，都是一片开荒耕地、挖土种茶、茶园欢歌的景象，在这片黄土地里留下了当年知识青年姑娘小伙的汗水与泪水，如今凤冈县何坝镇水河村茶青山上建有"知青文化园"。每到晴朗时节，凤冈县何坝镇水河村茶青山"知青文化园"里，吸引了大量有着共同知青经历的游客前来追寻记忆。采茶时节，还会有身着军装的"知青"在茶心海里采茶，生动地再现了20世纪70年代那洋溢着青春朝气和青春岁月的纯真日子。

凤冈县民风淳朴，民间传统风俗众多。凤冈的"花灯"种类丰富，有"花灯""车车灯""茶灯""锣鼓灯"等不同形式。花灯是一男一女歌一节舞一节，舞时用锣鼓等打击乐伴奏，传唱的曲调质朴、粗犷，传唱的同时还会配以二胡、三弦等弦乐伴奏的丝弦灯，并给曲调扣了引子和过门，听起来比较秀丽和文雅。车车灯是把车子、旱船、钱竿等组合在一起，伴唱以灯头唱、众人和的形式进行，唱词"见子打子"曲调多样。锣鼓灯以打击乐伴以节奏而演唱，曲调粗犷高亢，内容多为开财门、送寿元等。茶灯则是以茶为背景，以唱茶为主题的演唱，演唱人物则更多，除唐二、幺妹外，还有茶头老者、土地神、十二花园姊妹等，演唱曲调悠扬婉转，为观众喜闻乐见。此外，当地还盛行凤冈花戏，花戏的表现形式十分丰富，有叠叠板、垛垛板等九板；帝王高声腔、连八句高腔、四平腔等十三腔（九板十三腔）；生活中的山歌小调、劳动号子、哭嫁、号丧、花灯等均可原汁原味溶入花戏中，当地统称为十八扯。这些当地独有的民俗文化，随着现代文明的冲击，很多都有失传的危险。如今，随着旅游带来的客源，当地老百姓又逐渐恢复了这些古老的非物质文化遗产的传承和表演，并在旅游旺季和有茶事活动时，向游客表演展示，向民众宣传地方文化，引导当地民众和游客共同参与表演，传承民俗文化。

因此，在贵州遵义，你不仅可以游览壮丽的茶山茶海，在游览的过程中不知不觉会被当地浓郁的地方特色民俗文化所吸引，感受淳朴的贵北民风。饱览了青山绿水，体验了民俗风情后，还可以带着老人和小孩到娄山关、遵义会议遗址缅怀先烈，细细体会幸福生活的来之不易。

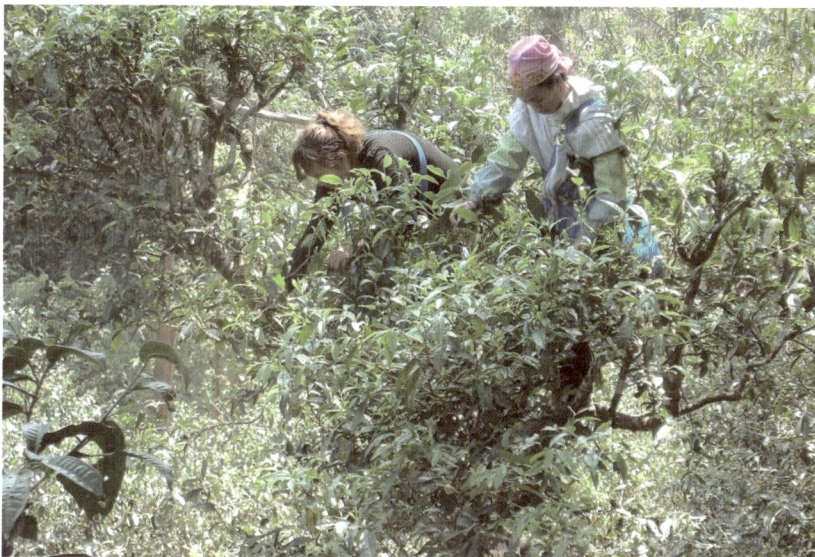

■ 云南古树茶采摘

（四）神秘湘西——古丈茶歌

古丈县隶属于湖南省湘西土家族苗族自治州，位于湖南省西部、湘西自治州中部，武陵山脉斜贯全境，紧临张家界旅游经济圈和凤凰民族特色旅游经济圈的重叠地带。古丈县生态环境优良，绿化率高达80%，有自然景观218处，地质景观70余处，水文景观60处，生态景观（古树名木、森林、珍稀生物等）79处；同时还有丰富的人文景观，这里是土家族、苗族、汉族三族聚居区，千百年来各民族和睦相处形成了特有的民族风情，有土司文化、歌舞文化、苗寨风情、傩文化、农耕文化等，既有丰富的节日习俗，文化底蕴深厚，还存世有近30处有价值的建筑遗迹，旅游资源极其丰富。素有"林业之乡、名茶之乡、举重之乡、歌舞之乡"的美称。这里的民族语言、乡土风情、宗教礼仪、庆祝节目、婚丧嫁娶、歌舞服饰等民风民情，保持了远古遗风，自然古朴。

同时，古丈县还是一个茶的王国，横山卧岭，满目青翠。这里茶叶种植遍布村村寨寨，古丈毛尖自唐时就列为贡品，1929年获巴拿马国际博览会金奖，1982年被评为全国名茶，1988年获中国首届食品博览会金奖，当地建立了有机茶基地、武陵茶叶大观园等。这里又因土汉苗融合聚居，富有民族特色的民间活动及节日十分丰富，且多与茶留下了不解之缘，古丈人的婚丧嫁娶、迎来送往等日常生活都渗透着茶文化的深厚积淀。

古丈人喜欢用茶字取名，且渐成习俗，除了许多的茶山、茶溪、茶洞、茶坪等地方用茶命名外，还形成了以茶字取为人名或者绰号的风俗，古丈妹子就有叫茶茶、茶花、茶叶、茶春、茶香、茶紫、香茗等，男孩子有叫茶大、茶二、茶泡，还有叫茶狗、茶猪儿的。茶，在古丈人心中是纯洁美好的象征，青山绿水以茶为名，更显青翠欲滴，少男少女以茶为名，更显得生命常绿长青。当地的茶谚语也十分丰富：茶好客常来；宁可一日无酒，不可一日无茶；人熟好办事，茶烟不分家；清晨一杯茶，饿死卖药家；粗茶淡饭少喝酒，一定喝到九十九；家有一亩茶，子孙有钱花；太阳放霞，等水烧茶……当地的茶事民俗中也藏着不少有趣的事情，如当地的单身男子要讨女子欢心，每天吃晚饭时会端个装满香茶的大海碗到村头大树底下去，如果有哪位女人夺你大海碗里的香茶就说明她对你有意了……

春种秋割时，村民们忙于各自的田地，极少有空闲时间交流情感，唯有在吃晚饭时分，辛劳一天的村男村女老少才端着装满了茶水的大海碗，习惯地来到一处村子中心位置，交心、喝茶、笑闹，一幅团结、悠闲、快乐的村民"情趣图"便会出现。这便是古丈土家族苗族一代又一代流传下来的"扛碗茶"的习俗，这也是乡里人一天中最轻松、最快乐的时刻。

傍晚来临，男女老少三三两两，不约而同地各自走出家门，端着大碗茶来到聚集地，一人一碗大碗茶便吃喝开了。虽然是扛碗喝茶，但各人却各有自己的心事。老人纯是摆龙门阵，说古论今，妇女带小孩逗乐，汉子们咋咋呼呼，用大碗茶来解酒解乏，妹子们叽叽喳喳围在一起说悄悄话，小伙子们扛碗茶不是为了凑热闹，而是看准机会利用扛碗茶来表达爱情，这种爱的表达方式直接、炽热、动情和纯朴。如果有妹子主动愿意喝你碗中的茶，或者愿意与你交碗喝茶，就说明有意了。第一次交碗后，有情人就相互约定一个老地方，不见不散，到互相喂喝的程度，表示爱情已经成熟。这种以茶为媒、以茶联姻的真实故事很多，且成就了当地许多恩爱夫妻。

古丈人机灵，喝茶喝出了茶道。古丈的茶道主要是"三道茶"、土司擂茶和苗王油茶。

此三道茶与云南大理的白族三道茶有所不同：一喝"下海茶"，就是用较大的器皿，土家、苗家的那种陶制熬罐冲泡的茶水，味浓略苦，解渴最好，常在暑天饮用。二饮"毛尖茶"，古丈毛尖由"一芽一叶"组成，一般此茶用来款待上等贵宾，首先洗壶、醒茶、注冲三次，注冲后茶叶一旗一枪，上下浮移，清汤绿叶，十分鲜活，其味芳香浓烈。三品"银针茶"，银针茶在当地也名社茶，清明前采摘的纯雀儿嘴茶芽，其茶品极高、工艺精湛、色香味俱全，堪称极品毛尖。茶味层层递进，逐渐领略茶境。

土司擂茶是土家人的一种茶道。相传很久以前，土家八部大王的阿妈久婚不孕。一个深夜阿妈梦见一仙姑手持花篮，将一包细茶粉放在床头，说是喜药，叫她喝下。翌日清晨，阿妈醒来立即将细茶粉煮水一饮而尽。于是怀胎三年，生下8个儿子就是八部大王，八部大王后来繁衍生息了湘西土家族。后来人们就仿照传说中的茶粉，擂制成土家人喜爱的土司擂茶。如今婚后新娘常饮此茶，据说还可"早生贵子"。土司擂茶制法：原材料为炒香的花生米、绿豆、黄豆、芝麻、绿茶合在一起按比例倒进土擂钵中，擂成粉末，然后煮熬成稀糊状即可饮用。此茶饮所用茶具均为土家竹筒，意在不走擂茶原味。喜咸者放盐，喜甜者则放糖，随君自取。土司擂茶味香清纯，味道鲜美，是土家人吉庆喜日必不可少的上等茶品。

古丈人不仅会种茶、种好茶，还会品茶，品茶品到一定程度，又出现了不甘示弱的龙争虎斗的"斗茶"。斗茶的民间习俗已经流行多年，是一种茶艺竞技游戏。为了挖掘古丈县茶文化的宝贵遗产，当地县委、县政府从2000年起每年举办全县大规模的"斗茶"大会，每年评出一名茶王，一人中王，全家荣光。茶乡斗圣茶，茶城斗茶王。斗茶，不仅斗

■ 古丈茶歌

其色、香、味、形，还有斗其智勇，斗其精神。如今斗茶会已是当地规模最大、规格最高、质量最好、气象最浓的一桩茶事盛会。

古丈人能歌善舞，古丈亦是歌舞的海洋，茶山上欢乐多，当地的采茶歌曲也广为流传。如果你幸运地来到古丈，春天时节，茶山上到处活跃着忙碌的身影，你不仅能够亲临采茶的乐趣，听到来自湘西土家族、苗族那淳朴悠扬的歌声，说不定还能赶上一场茶山对歌会。

《古丈茶歌》歌词

绿水青山映彩霞，彩云深处是我家；

家家户户小背篓，背上蓝天来采茶。

采不完的悄悄话，采不尽的笑哈哈；

采串茶歌天上洒，好像仙女在撒花。

青青茶园一幅画，迷人画卷天边挂；

画里弯出石板路，弯向海角和天涯。

春茶尖尖叶儿翠，绿得人心也发芽；

天下五洲四海客，逢人都夸古丈茶。

（五）美的洗礼——日本静冈茶旅

静冈县位于日本的中部，北纬35°38′～34°35′，东经137°28′～139°08′，总面积7 773平方公里，气候温和，是日本最大的茶乡，素有"日本茶都"之称。静冈所产绿茶称为"静冈茶"，已经成为一大品牌，与京都府宇治茶并称日本两大茶。日本富士山与静冈茶，已成为日本的两张名片，在静冈县的坡地上，延绵着一畦畦碧绿的茶树，远处是顶上冠雪的富士山，构成了一幅绝美的风景画。

日本茶园管理仍旧保持着传统的方法，并与现代的管理技术完美结合，古老的"茶草场农法"种植手法至今仍在使用。将茶园周边地区收割的芒草、芦苇等，作为有机肥料用来滋养茶田。这种农法既有利于培育好茶，更好的作用是促进草场的新陈代谢和草场生物多样性的保护。如今，这一耕作方式已经被联合国粮农组织（FAO）认证为全球重要农业文化遗产（GIAHS）。目前，静冈已经成为日本茶文化旅游的圣地，各类古老的茶文化元素都被运用到旅游开发中，再次焕发出蓬勃的生机，促进了经济繁荣。

自2009年起，日本政府在当地举办"世界茶节"。世界茶节有很多丰富多彩的诸如茶叶展销会、茶学术会议等活动，这些活动为世界

■ 富士山下静冈茶园

茶文化的交流提供了广阔的平台。每当茶节开展时，世界各国茶叶、茶文化爱好者汇聚一堂来品茶、交流茶等。世界茶节不仅提升了静冈茶园的知名度，还吸引了来自世界各地的游客和专业茶客，刺激了茶园旅游发展。政府机关积极建设以"茶都"为核心的旅游项目，推出多条参观线路，并且还有专门的旅游地图。地图上清晰地标明了与其茶文化相关的工厂、庄园、茶吧等特色地点，方便游客出行。游客在茶庄既可以观赏古老的茶耕方式，还可以亲身投入到"茶草场农法"的耕作中。在每年春茶上市之前，游客还能和茶农们一起采摘制作茶叶，领略独特的"茶叶熏香"，免费品茶、试吃茶点、品尝与茶有关的料理等。这一系列

农耕式的休闲活动，让人们亲自参与到茶园农耕中来，使得人们对茶文化有了更深刻的了解。

每年4月制茶时节，也是日本茶旅的高峰期，这时候只要你到静冈，乘坐新干线和在东名高速路上行车，都能看到当地的丘陵缓坡以及平地上种植的大片茶园。当你真正走进茶园，会看到美丽整齐的茶树园林，日本的茶园都是经景观设计师专门设计而成，所有的茶园都似园林般美丽；采茶季时，部分茶园还会派出漂亮的采茶女工穿着特色的服装、挎着漂亮的茶篓在茶园采茶，构成一道亮丽的风景，游客也可以换上服装、挎上茶篓体验采茶、拍照的乐趣；采茶采累了，你可以找一间茶室休闲，在这里，你不仅可以选择喝茶，还可以体验日本茶道的乐趣，换上和服、正襟危坐、一板一眼地学习日本茶道，使自己的心变得简单安静，放下外面的事物，真正倾听内心的声音，为自己或爱人泡一杯好茶，恭敬地奉上一杯茶：谢谢有您的陪伴，您辛苦了！

当然，如果你实在对茶过敏，不想喝茶怎么办，没关系，你还可以选择被茶"泡"，体验一下幕府将军的待遇。据说江户幕府大将军德川家经常用茶来泡澡，以解疲乏，而且泡过之后身体清爽，不燥不痒。静冈的茶汤浴十分有名，很多人不远千里过来体验放松，泡完之后不过瘾的话，你还可以将绿茶洗浴盐、茶面膜、绿茶粉、香皂、洗澡液、洗手液等带回家。

在茶园饿了怎么办，当然不用担心，这里的茶味饼干、冰激凌、糕点、饮料、面条、主食全都有，可以满足你挑剔的味蕾。此外，当地的商店有着丰富的可选产品，静冈绿茶、绿茶化妆品、食品、拖鞋、空气清新剂、枕头、卷烟、工艺品等应有尽有，在琳琅满目的茶元素商品中总能挑选一款中意的礼物赠送给家人和朋友。

第六章

养生保健型茶文化旅游

目前，人们都将茶作为一种饮品享用，茶也成为我国的国饮。但是据记载，茶叶最早被发现与利用，是因其具有的药理作用，之后世人才慢慢饮用茶汤。如西汉壶居士在《食忌》中言道"苦茶，久食羽化"；陶弘景于《杂录》一书中写到"茗茶轻身换骨，昔丹丘子黄君服之"；再如《神农本草经》中记载"神农尝百草，日遇七十二毒，得茶而解之"。古时传说神农氏是第一个发现并利用茶的人，因此，茶叶最早被利用都是与药相联系的。

据研究，茶叶中含有近500种有益物质。包括多酚类物质、咖啡因、茶叶碱、可可碱、氨基酸、脂多糖、多糖类等生理活性物质；维生素A、B族维生素、维生素C、维生素D等多种维生素；钾、钙、磷、硫、锰、铁、氟等多种无机盐及微量元素；还有茶鞣质、萜烯类、醛类、酚类、醇类、酯类、酸类、芳香油化合物等多种物质，这些有益成分使茶叶具备为人体治病防病及养生保健的功效，对人类的健康有着重要意义。

一、 茶与保健

唐代诗人卢仝曾道：茶是"一碗喉吻润，二碗破孤闷，三碗搜枯肠，惟有文字五千卷，四碗发轻汗，平生不平事，尽向毛孔散，五碗肌骨清，六碗通仙灵，七碗吃不得，唯觉两腋习习清风生"，卢仝将茶的保健功能一一描述出，到现代，茶叶的保健功能依然是众人研究与交流的重点。

茶具有护胃健脾促消化的保健作用。茶叶中含有的咖啡因具有促进消化、促进胃肠蠕动、分解脂肪的功效，而茶汤中所含有的茶红素是一种收敛性物质，能抑制胃分泌液，起到保护胃的作用。茶叶中含有的多种维生素及茶多酚能祛暑热、解酒气、解油腻，起到护脾护胃效果。

茶具有抗病毒、杀菌消炎的保健作用。据研究表明，由于茶叶中的茶多酚物质的收敛性质可使由蛋白质构成的细菌病毒沉淀，因此茶叶具有杀菌消炎、抵制病毒的功效。茶不但具有抑制牛痘、单纯性疱疹以及能引起软脑膜炎和肠炎病毒异源类中的B类哥萨克等病毒的作用，还具有抑制大肠杆菌、链球菌、肺炎菌和伤寒菌等病菌发育的作用。正如汉朝张仲景所言"茶治便浓血甚效"，现代出现了利用喝茶抑制痢疾、运用茶水清洗伤口治疗皮肉溃烂的场景。

茶具有明目护齿、祛除口气的保健作用。茶叶中含有的维生素C等物质有助于降低眼睛晶体的混浊度，因此经常饮茶有助于减少眼疾，有明目护眼的作用；茶叶中含有较高的氟物质，能预防龋齿，帮助牙质脱敏，如果饭后经常用温茶水漱口也能防止牙病产生；而口臭是由于缺少维生素C的缘故，现代市场的部分口香糖就是提取维生素C含量高的绿茶制作的，且茶叶中的多酚类、芳香油也具有祛除口臭的作用。

茶具有强心、提神、利尿的保健作用。据研究表明，适度的饮茶可以防治心脏跳动过缓和房室传导阻滞，原因可能是茶叶含有的类黄酮及维生素等物质能抑制血细胞凝结成块；而茶叶中含有的咖啡因有助于兴奋人体中枢神经与大脑皮层，增强肾脏功能，加快血液循环，促使排出尿液及尿液中过多的乳酸、消除人体疲劳、提神益脑。

茶具有抑制心血管疾病、防辐射的保健作用。茶叶中的茶多酚及茶黄素等物质能降低人体血脂及血清胆固醇，促进人体脂肪代谢，从而预防老年人的动脉粥样硬化、减少心血管的发病率。日本的医学家研究发现："中国患动脉粥样硬化和心脏病的比例比西方低，除了遗传因素、生活方式、饮食结构外，同时与中国人爱饮茶有关。"另外，茶多酚中的儿茶素以及茶叶中的脂多糖等物质能在一定程度上抗辐射，在医疗界中，已经开始用茶叶提取物治疗由辐射引起的白细胞减少症等。

茶具有预防癌症的保健作用。茶多酚作为比维生素E高20倍抗氧化活性的强力抗氧化剂，能有效阻止人体内亚硝酸铵等多种致癌物的合成，甚至能直接杀伤癌细胞，提高人体免疫力。还有茶叶中的黄酮类物质、叶酸、胡萝卜素、儿茶素等物质，也能有效预防肠癌、肝癌等癌症。

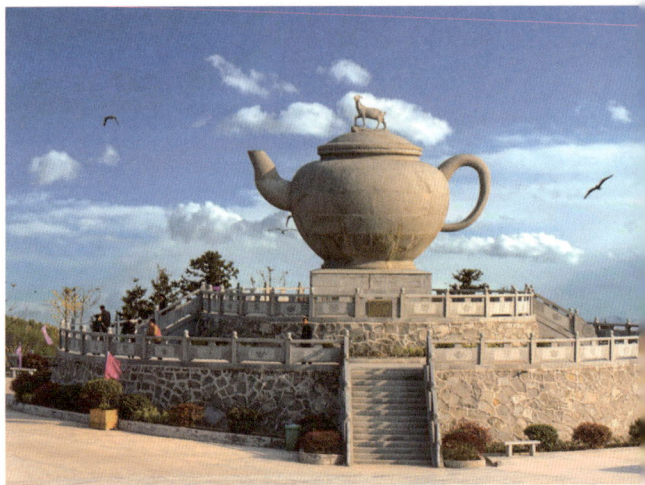

■ 羊岩山茶庄园

二、 茶与养生

茶除了是优秀的保健饮品，也具备养生的功能。随着社会的不断发展进步，人们对经济与精神层面的要求不断提升，加上现代社会的快

■ 景迈罐罐茶

节奏生活，使人们渐渐开始注重养生。而茶叶中具有的多种有益物质与"俭、清、和、静"的思想精神，可有助于人类养护身体和精神生活，促进人类身心健康。

茶具有延缓衰老的作用。茶叶中的茶多酚是一种具有强力的抗氧化性和生理活性的物质，能够起到抑制细胞衰老、清除人体过量的自由基、阻断脂质过氧化反应、清除活性酶的作用。据日本的实验结果表明，茶多酚的抗衰老能力是维生素E的18倍。世界上的长寿之乡，基本位于产茶区或茶叶高消费区。如日本的静冈县，不仅是著名的茶乡，茶叶的消费量很大，而且静冈县人均寿命远高于日本人的平均寿命；再如俄罗斯的高加索地区，有一个世界闻名的"长寿乡"，据考证，当地人常饮红菌茶，这便是他们的长寿秘诀。

茶具有美容护肤的作用。茶多酚作为一种水溶性物质能够帮助清除面部的油脂、细菌与病毒，收敛毛孔，紧致肌肤，还能有效减少辐射及紫外线对面部的损伤，达到美容护肤的功效。根据动物实验，茶多酚中的儿茶素能抵抗UV-B引发的皮肤癌，美国的一家公司于1997年上市了一款由绿茶加工制成的粉底霜化妆品，其功效就是预防紫外线照射造成的皮肤癌和皮肤的早期衰老。

茶具有调节精神、静心的作用。晋朝张华的《博物志》中："饮真茶，令人少眠。"茶叶中的咖啡因物质能够振奋神经中枢，消除疲劳，从而达到调节精神、提高工作学习效率的作用。此外，茶的思想精神是"俭、清、和、静"，饮茶的幽静环境能让人卸下浮躁，放下烦恼压力，沉静、放松心情，享受生活的乐趣。一般长期饮茶的人具有良好的精神状态与处事心态，对世间生活始终处于乐观与和谐享受的状态，也能更珍惜世间的人、事、物。正如《神农本草经》中所记载："茶茗久服，令人有力、悦志。"

1. 茶疗

茶疗是指用茶或以茶叶为主，配以适当中药制成药茶饮服或外用，以此来达到养生保健、防病治病的目的。

据《神农本草经》记载："神农尝百草，日遇七十二毒，得茶而解之。"因此，茶疗的起源可以追溯到神农尝百草的上古时代，也就是说茶叶在4 000多年前，就被我国的劳动人民发现其具有解毒治病的作用。

茶疗到了汉、魏、梁时期渐渐发展起来。东汉医圣张仲景曾道："茶治脓血甚效。"魏朝名医华佗弟子吴普，曾言茶："主五脏邪气，厌谷，胃痹，久服安心益气。"所以他以茶治厌食及胃痛等症状。梁代医学家陶弘景言："苦茶轻身换骨。"他主张用茶减肥养生。

盛唐时期，百业俱兴，茶疗随着社会的繁荣发展也有了极大进展，茶的功效被认识得比较全面，茶的饮用范围也越来越广。世人从以茶叶解毒、减肥、治胃痛等症状为主，拓展到以茶治感冒、头痛、便秘、伤寒、消渴、霍乱、痢疾等多种疾病。正如唐代诗人顾况于《茶赋》中言道茶是："滋饭蔬之精素，攻肉食之膻腻；发当暑之清吟，涤通宵之昏寐。"晚唐诗人曹邺在《故人寄茶》中说饮茶"六腑睡神去，数朝诗思清"，以及诗人秦韬玉在《采茶歌》中道茶"洗我胸中幽思清，鬼神应愁歌欲成"。再如唐代医学家陈藏器曾言："诸药为各病之药，茶为万病之药。"唐代药学家苏敬等曰茶能："主瘘疮，利小便，去痰、热渴。"说明在唐朝，茶已经基本能治百病了。

茶疗在宋代得到了飞速发展，开启了具有组织性的茶疗研究，将茶疗的使用方法和运用范围再度扩大，如由朝廷组织医药专家集体编写的《太平圣惠方》《和剂局方》及《普济方》中的"药茶"专篇，其中的槐芽茶方、石楠芽茶方、皂荚芽茶方等说明茶疗已经发展到采用复方或单、复方并用的饮用方式，同时宋代茶疗的服用形式也发展到外敷、丸剂、研末调服等，已不局限于单一的泡茶法，这使得茶疗在发展上又迈出了新步伐。

明清时期，茶疗的发展达到了鼎盛时期，药茶的内容、应用范围、饮用方式和制作方法等不断发展更新。李时珍的《本草纲目》对茶进行了系统性的记载："茶苦而寒，阴中之阴，沉也，降也，最能降火。火为百病，火降则上清矣。然 火有五，火有虚实。若少壮胃健之人，心肺脾胃之火多盛，故与茶相宜。温饮则火因寒气而下降，热饮则茶借火气而升散，又兼解酒食之毒，使人神思爽，不昏不睡，此茶之功也。"这时期也因此诞生了"古方茶疗"第一人——石潭秋。他创立了久负盛名的"芝元堂"做茶疗生意，茶疗也逐步被平民百姓所熟知。其范围也逐渐遍及内外科、妇幼科、五官科、皮肤科、理疗科、骨科及养生滋补保健科，新型的茶疗方如午时茶、姜茶、盐茶、糖茶、蜜茶、僵蚕茶等陆续诞生，茶疗的著作也纷纷问世，除了李时珍的《本草纲目》，还有李中梓的《本草通玄》、赵学敏的《本草纲目拾遗》、叶天士的《本草经解》、吴仪洛的《本草从新》、汪昂的《本草备要》、黄宫绣的《本朝求真》和费伯雄的《食览本草》及《慈禧光绪医方选议》等。

到了近现代，受西方文化思想与科学技术的影响，茶疗等中华传统文化受到了影响，逐渐将西方科技文化与茶疗相结合，自此茶疗进入到一个全新的开拓创新时期。人们通过对茶叶的药理及生化等成分进行新型的科学实验，研究茶叶中的药用有效组分及其功效，测出茶叶中将近500种的有益成分，如茶多酚、氨基酸、咖啡因、茶多糖、茶色素、维生素、矿物质元素等，这些有效成分给予茶疗新的治疗方式。同时，现代茶疗的饮用方式也不断推陈出新，如提取有效成分制成的胶囊以及袋泡茶、速溶茶、浓缩茶及罐装茶等渐渐风靡世界。

虽然茶疗具有多种益处，但是由于茶叶的制作工艺不同导致茶叶化学成分发生不同变化，茶叶的成分如多酚类、氨基酸、生物碱、维生素、微量元素等有所差别，导致茶叶具有不同的"体质"，其保健功能也各有千秋。再加上每个人的体质不同，以及受季节、性别、年龄、生理状态、职业特征、心理等因素影响，茶叶对每个人的疗效也各有不同，甚至有个别的会对人体产生不好的影响。因此，现代茶疗界推出了更系统、更完整的茶疗理论与方法，为不同体质的人群提出不同的茶疗养生方案，综合考虑各种因素的影响，促进人体的调理与疗养。

在北京，从21世纪初开始，就陆陆续续出现以茶疗为主的养生套餐。据调查，80%的北京百岁老人具有晨起沏茶的习惯，并且是喝通、喝透、排空二便再进食，许多老北京还有世袭的"茶疗"优秀传统，尤其是满族后裔。因此，茶疗养生逐渐成为北京的主流风向，而养生套餐也有了具体的内容与方案。

（1）茶疗前的身体准备

1）争取早睡早起，因为早晨9点以前的茶疗排毒效果最佳。

2）开窗通风，洗脸刷牙，排尽大小便，最好沐浴更衣。

3）播放轻音乐等能放松身体的音乐，如《中国古琴名曲》《克莱德曼钢琴曲》，也可燃香或喷洒空气清新剂，营造适合茶疗的幽静气氛。

4）女性月经期不宜进行茶疗养生，低血糖、低血压者茶疗需谨慎。

（2）茶疗所需的器皿　500毫升玻璃茶壶与500毫升电热壶各1个、茶碗或茶杯2个。

（3）茶疗的正确身体姿势　选择硬木座椅、餐台，也可盘腿坐在床上或地面，保持身体微微绷紧且放松的状态，收领、挺胸、收腰、收腹，调整呼吸。

（4）不同的茶疗冲泡组合

1）苦丁茶3克，菊花茶6朵，茉莉花1克，百合3克。

作用：散热解毒，清心安神，疏肝润肺。

2）菩提花2朵，玫瑰花2朵，菊花6朵，砂仁2克。

作用：安神疏肝，消热暖胃。

3）玫瑰花6朵，茉莉花1克，荷叶1克，川芎2克。

作用：清热解毒，疏肝活血化淤。

4）经典茶疗套餐配方　玫瑰花小朵6～8朵，大朵2～4朵，白梅花1克，金银花3克，枸杞子6～8枚，茉莉花1克，上好绿茶或白茶1克。

作用：金银花可以清热解毒，凉散风热；玫瑰花可以行气解郁，和胃止痛，疏肝理气，调经养颜；白梅花可以开郁和中，化痰解毒；茉莉花可以提神解毒，平衡内分泌；枸杞子可以补肾益胃，养肝明目，其甘甜之味是"茶疗套餐"之魂；而上好绿茶或白茶是"茶疗套餐"之魄。

（5）茶疗前奏——"三水"

1）备水：开启水龙头1分钟后（放掉前夜陈水），往电热壶中注入约500毫升水。

2）烧水：用电热壶将水烧开后再控制开关，使其翻滚2～3分钟，直至水泡变细，氯味消失。

3）静水：静置壶中的水，待水中杂质全部沉降下来，倒掉水表面的杂质。

(6) 茶疗手法

1）洗茶：在玻璃壶中倒入少许清水清洗茶疗套餐组合，晃洗后倒出。

2）紧茶：倒入约100毫升的开水，轻轻摇晃后，再倒出水。

3）泡茶：将开水以顺时针划圈的方式缓缓倒入壶中（绿茶若是明前茶或嫩叶尖，也可泡好后再下）。

■ 茶疗养生套餐

（7）三道茶后排除毒素　冲泡第一道茶，约5分钟后，倒入茶碗中、边调整呼吸边饮，吸气与饮茶同步，在嘴中稍抿片刻，吞咽后吸气，身体要保持正确坐姿。

同步骤冲泡第二道茶，第二道茶为精华精气所在，要在深呼吸中细细品味，每一口茶，每一次深呼吸都要到位，切忌"驴饮"。

第三道茶因人而异，依据个人承受能力决定是否沏喝第三道茶，可休息半小时后再饮（要现喝现泡，保持茶水鲜活）。

排毒：膀胱有感觉时，要在卫生间集中意念，深呼吸后开始排毒。

2. 茶养生之茶文化旅游项目

随着大众生活水平的提高，茶文化旅游和养生成为民众休闲时追求的两个热点。因此近些年，将茶文化旅游与具有养生功效的茶叶相结合，开创出新型的茶养生——茶文化旅游项目。

茶养生旅游项目是以养生旅游为主，融入丰富的茶文化，将茶的养生功效及文化内涵呈现在游客面前，让游客身临其境感受茶文化的精神世界"和、敬、清、寂、美""和、敬、廉、清""敬、怡、真、静、美"，有助于游客远离大城市的喧嚣与繁杂，放下生活及工作学习负担，疏导身心，追求身心的健康体验。

21世纪初，海南三亚开发的保健康复旅游与南宁开展的中药养生旅游，打开了养生旅游的第一扇门。紧接着，四川、山东、安徽、黑龙江等省也陆续开展养生旅游。2007年之后，养生旅游成为全国时尚旅游热点，茶养生旅游也逐渐风靡全国，如杭州梅家坞茶养生旅游项目及云南普洱茶养生旅游项目。

（1）杭州梅家坞茶养生旅游项目　杭州梅家坞是西湖龙井茶最著名的产区，是一个拥有近600年历史的古村落，村民世代以种茶为生，且梅家坞位于杭州西湖风景区的西部腹地，处于西湖综合保护工程的范围内，其生态环境和人文景观建设都十分优良。因此，梅家坞的茶文化与生态美景促使一系列农家休闲茶楼的兴起，也带动了茶养生旅游项目的开展。

梅家坞养生旅游体系项目包含了茶衍生系列养生产品、养生主题茶园、活态茶养生文化博物馆、养生主题茶楼等活动及产品的开发。

1）茶衍生系列养生产品是将茶文化与中医药文化相结合打造出的茶养生保健产品，如茶饮料、茶化妆品、保健茶、茶养生伴手礼等。

2）养生主题茶园是以茶资源为基础，将茶树种植与茶叶加工、茶产品销售、旅游服务、旅游产品开发以及旅游市场开拓有机结合起来，形成一个茶文化旅游产业。主题茶园的建设内容包括花卉植物规划、蔬菜植物种类及品种规划、茶园园艺规划、果树植物种类及品种规划、游憩环境规划等，希望结合大自然与多种养生活动，将养生茶园建设成茶园与养生保健完美结合的茶养生之茶文化休闲旅游景区。

3）活态茶养生文化博物馆之所以具有"活"性，是因为此种博物馆除了展示有形物体，也开发了艺术性的表演及感官的真实体验等，具体内容包括茶文化展示、茶艺表演、茶园实践活动及游戏、茶养生餐饮、中草药园，让游客亲身感悟茶文化世界，实现身心的放松。

4）养生主题茶楼打破了传统"为卖茶而卖茶"的经营模式，不仅结合了新型茶馆的工业化和高科技技术，也将中国传统茶文化与养生保健、艺术、心理学、休闲等形态特征融合于一体。养生主题茶楼配套的活动主要有：举办茶与健康系列讲座，开发融合香道、花道及茶道项目内容的心理疏导型茶休闲旅游产品，经常结合音乐疗法的项目，让游客享受宁和清静的茶楼环境，实现静心养生的作用。

梅家坞养生旅游项目除了以上几个主要的内容外，还定时定期举行

■ 梅家坞茶馆

各种节庆养生活动，如采茶或制茶体验游、禅茶文化养心游、茶与休闲运动节、茶乡生态游、茶与诗歌朗诵节、茶与书画展览、茶养生文化大讲坛以及茶与养生美食节等。

（2）云南普洱茶养生旅游项目　为符合全球保健养生潮流，盛产普洱茶的云南省开发了普洱茶养生旅游项目。普洱茶悠久的养生文化与知名度，再加上云南纯天然的绿色生态环境（宜人的气候、"天然氧吧"、丰富的森林资源、矿藏资源、水能资源等）与绚丽多姿的民族文化，使普洱茶养生旅游项目具有十分明显的优势。

为完善普洱茶养生旅游产业体系，云南以生态旅游开发为重点，建立云南普洱茶生态旅游体系。包括开发普洱茶特色茶宴、普洱茶养生与特色生态旅游路线、普洱茶养生浴疗的生态旅游、云南普洱茶特色茶饮、云南普洱茶文化资源等生态旅游活动。

1) 普洱茶特色茶宴的开发是指从普洱茶的滋味与养生功效入手，设计具有民族特色的普洱茶菜肴、粥品、面点、汤羹、休闲茶食等，再加上野生菌、石斛、刺五加等本土药材及造型奇特的普洱茶宴餐具，让游客品尝到兼具色香味与养生功效的茶宴。

2) 普洱茶养生与特色生态旅游路线的开发便是根据不同的区域开展不同内容的生态建设，如核心区域是以身体疗养为主，休闲温泉、宗教文化养生是优先开发区域，山水生态养生与保健运动、医疗养生则是培育建设和适宜发展区域。

3) 普洱茶养生浴疗的生态旅游开发则是结合普洱市特色药材资源，开发出集疗养、休闲、度假于一体的温泉养生旅游模式，并设计温泉浴疗茶养生保健产品，如普洱茶药包、普洱茶浴盐、普洱茶竹碳包等。还

■ 云南茶人家

根据不同年龄的游客设计不同的浴疗方案，比如老年人是普洱茶长寿沐浴、青壮年是增强体质普洱茶浴、女性是美容瘦身茶浴、幼儿则是防虫护肤茶浴等。

4) 云南普洱茶特色茶饮的开发主要是通过各少数民族的饮茶习俗，让游客体验不同民族的茶俗，如哈尼族以竹篾盒饮用蒸茶、布朗族饮菜茶会蘸盐巴辣椒、傣族土罐茶是以土罐饮用等。

5) 云南普洱茶文化资源开发是根据悠久的普洱茶文化内涵，结合文学艺术形式，开展如普洱茶书法、普洱茶诗词、普洱茶画、普洱茶道茶艺、普洱舞蹈等活动，将普洱茶文化与艺术、养生保健、生态旅游相结合，建成"品在熏香普洱、食有绿色普洱、乐有精妙普洱、疗有康体普洱"的普洱生态养生旅游体系，让游客在大自然生态环境中"品茶、静心、怡情、养生、医疗、悟道"。

（3）生态茶园旅游 生态茶园是借用农业生态学中普遍应用的"生态农场"的概念延伸而来，以茶树为主要物种，遵循生态学原理和符合生态学规律建设起来的农场。而生态茶园旅游则是将旅游业和茶业两者相结合，促进生态茶园的开发利用以及养生茶文化的弘扬与发展。生态茶园旅游属于绿色生态旅游，这种新型旅游模式具有很高的经济价值、文化价值、旅游价值和养生价值。

生态茶园旅游体系主要由自然、人工、文化等三要素构造。①自然要素是茶园的基础要素，包括茶园内部的各种自然生态景观，可以给游客提供一个天然清新的养生环境；②人工要素支撑着整个茶园的运行，通过后期的人工活动创造了茶园的各种设施和建筑，如建立茶园防护林、日光温室生产体系、休闲茶楼、茶舍、温泉等设施，给游客提供养生、休闲场所；③文化要素是生态茶园的核心要素，茶园结合了地区茶文化精神，将茶文化的内涵融合于文化设施建筑及景观活动中，通过以

■ 武夷山马头岩茶园

茶为中心的一系列项目活动，感受茶文化的魅力，在悠闲的茶文化环境中体验茶给人们带来的养生养心功效。

生态茶园旅游改进和优化了传统的茶叶生产模式，通过开发大自然的生态资源，融合茶叶养生资源和茶文化资源，给予游客"天人合一"的茶文化旅游养生体验，对茶叶经济与茶文化的发展有巨大的推动作用。

3. 茶道养生

茶道是我国茶文化的核心，是以茶作为基本活动的生活方式。"道可道，非常道。"而茶道之道，即为常道。有阴阳五行，也有现代理论，是全面而精深的科学，自古以来就被当作修身养性的最佳方式。根据唐朝《封氏闻见记》记载，茶道从汉朝开始就成为劳动人民修德美心的重要内容，其养生内涵主要包含"天人合一""身心德行"及"中和动静"，这些思想凝聚了中国传统的养生观念和养生方法，蕴含了丰富的中国传统文化的内涵与精华。

茶道将"元气"作为生命基础，再结合道家、儒家、佛家思想，形成了以"天人合一"为核心的养生观念。结合了儒家及道家思想的茶道精神，将元气作为天地万物生存的主要基础，通过元气适应阴阳及四季变化，以此方式来进行修身养性。我国茶文化自古崇尚自然，认为饮茶者要重视正气修养，以气养身，如果正气匮乏或者不适应天地变化时，疾病就会接踵而来。茶道中"天人合一"思想同样也主张要重视阴阳四时变化，认为春夏要"养生养长"，秋冬则"养收养藏"，人要随外界变化调节活动。

　　经过近千年的发展，我国的茶道思想逐渐成熟完善，认为人是天地阴阳对立的统一体，将人的"形"视作人生命存在的身体基础，将人的"神"作为人所需的精神内容，将人的"气"作为人的生命源泉。茶道精神表达的养生是一个"身心德行"结合的整体养生过程，不仅仅是现代养生所说的身体健康和心理健康，茶道也要求道德修养，将人的养生视作身心统一的变化过程。我国茶道囊括了常见的生理问题和养生规律，把人的生命视作整体变化的过程，根据不同的生理阶段和不同的生理现象采取不同的养生方式，即"智者察同，愚者察异"。总的来说，人们可以在茶事活动中达到养护健康和延长寿命的作用。

　　我国传统茶道主张以"静"养生，与老子、庄子的"清静无为""抱神以静，乃可长生"等养生观有异曲同工之处。随着社会的发展，茶道思想也不断成长，开始提倡"动静结合"的养生方式，认为人们要重视动和静的平衡，如汉代道家学说要求在茶事活动中动静结合、劳逸结合；再如三国时期著有《养生论》的嵇康，认为：在茶饮过程中要"中和"动静，在人的形体和精神两方面都要做到"动则适度，静中有动"。总而言之，就是要"动静合一"，这样才可以"尽享天年"。

　　我国传统茶道不只带领我们认识人世间生命的真谛，还蕴含丰富的养生保健思想。茶道养生，意指通过茶道全方位地关爱生命与自然界，在一个健康快乐、良性循环的有机整体之中，人们能够达到身心健康、平和容通的美妙境界。茶道养生主张由生命之道来解读万事万物，人们在茶饮活动中不断地反省与觉悟，循着人体自身逐层深入递进的规律，让每个人都从精神、内心层面知"道"行"道"，得到生理与心理的满足，从而促进饮茶者身心的协调发展以及自身修养的提高，达到平和容通的高尚境界。

■ 生态竹林

日本茶道的主流是抹茶道，源自中国唐宋年间盛行的点茶法，即茶叶为粉体形式，茶叶与汁液可共同饮入。几百年后，历经几代日本茶道大师的改良与发展，抹茶道已经与日本本土文化和谐相融了。日本抹茶道的原则为"和、敬、清、寂"，即平和、尊敬、清净、侘寂无一物，修养身心，摒弃私欲，形神合一，其展现的文化内涵在一定程度上符合日本大众的审美口味，因此，抹茶成为日本的国粹。

　　日本抹茶道手法简单、操作古朴，就是讲究一个"慢修"的过程，在大自然中，感受原始的精神力量。所以日本抹茶道也具有一定的精神养生作用，类似于中医的养生四要"寡欲、慎动、法时、疾疾"。

第七章 休闲品鉴型茶文化旅游

在很多产茶地区，以"茶产业推动旅游业、旅游业带动茶产业"的发展思路，实行统筹种植、加工和生态茶园旅游观光一体化，开展了一系列茶体验、茶休闲、茶品鉴等茶文化旅游活动。茶区开展茶文化旅游有得天独厚的自然条件，从茶的发展历史演变来看，茶文化与旅游的结缘主要体现在：一是茶产地的名山名寺、茶文化的历史遗迹、茶区的美丽风光和怡人的气候环境。吴觉农在《茶经述评》中说：高山出名茶，主要由于高山云雾多，漫射光多，湿度大，昼夜温差大，有利于茶叶有效物质的积累，特别是芳香物质积累较多。这些都为高山好茶提供了物质基础。如名茶蒙顶山黄芽、峨眉山竹叶青、太姥山白茶、武夷山大红袍、安溪铁观音、陕西茯砖、湖南洞庭山的君山银针、江苏的洞庭碧螺春、婺源绿茶、贵州湄潭茶、都匀毛尖、黄山毛峰、庐山云雾、安化黑茶和凤凰单丛茶产地等，这些名茶原产地为发展茶文化旅游奠定了基础。二是各地区发掘的古茶树资源及古今建立的一些以茶文化为主题的旅游景点。如云南古茶树、黔西南布依族苗族自治州晴隆县"茶籽化石"、浙江长兴顾渚山的唐代贡茶院遗址、湖北的陆羽公园、成都茶店子公园、浙江杭州的中国茶叶博物馆、福建漳浦的天福茶博物院与石雕园、昆明世博会茶园等。这些对茶历史挖掘以及结合现代科技共同打造的弘扬茶文化载体，是丰富茶文化旅游和彰显现代文明不可缺少的一部分。休闲品鉴茶文化之旅，有如群星璀璨般，十分美丽耀人。

一、名山名胜名茶型

1. 蒙顶山茶文化旅游

2017年，第十三届蒙顶山茶文化旅游节暨首届蒙顶山国际禅茶大会在四川雅安蒙顶山景区举行。蒙顶山景区由蒙山和百丈湖两个主景区组合而成，是四川省首批省级风景名胜区之一。说到茶文化旅游，茶新绿叶，茶香四溢，蒙顶山绝对是个好去处。蒙顶山有很多以茶文化为内容的风景点。例如，①天盖寺。天盖寺位于蒙顶山顶，创建于汉代，宋代重修。寺占地8 000平方米，遥对群山，四周环绕12株千年古银杏，中间为明代建筑石柱大殿，据说此为茶祖师吴理真结庐种茶处。大殿塑有吴理真大师全身座像，周围有展示蒙顶茶史的图文、实物等。此处为蒙顶品茶最佳去处。寺前殿后，古坊碑林，题刊较多，以《天下大蒙顶山》碑为最。②皇茶园。皇茶园坐落在蒙顶主峰的五个小山头之中，因周围峰形似莲花，皇茶园正落于莲花心而成"风水宝地"，传说汉代茶祖师

■ 茶祖师吴理真塑像

■ 蒙泉井

吴理真植"灵茗之种"七株于此。从唐代开始在此采摘贡茶，宋考宗淳熙十三年正式命名为"皇茶园"。茶园以石栏围绕，正面双扇石门，两侧有"扬子江心水，蒙山顶上茶"石刻楹联，横额书"皇茶园"。③甘露石室。甘露石室位于皇茶园左侧甘露峰，明代双坡顶单间全石结构建筑。石柱、石殿、石斗拱、石屋面，漏光不漏雨，建筑风格甚为独到。④蒙泉井。蒙泉井位于皇茶园旁，又名"甘露井"，侧立"古蒙泉"二碑。石栏镌刻二龙戏珠。为甘露大师种茶时汲水处。名山县县志载"井内斗水、雨不盈、旱不涸、口盖之以石"。取此井水烹茶则有异香。⑤永兴寺。永兴寺坐落于蒙顶山西侧山腰，海拔1 000米。依山向水，建筑面积5 000平方米。山门石雕，有九龙蟠绕，透雕"永兴古寺"，有麒麟浮雕一对。大雄宝殿为重檐悬山式，石楼三间，面阔12米，柱、梁、壁、楼等皆为全石结构，气势凝重。寺周有清剑南观察使黄云鹄诗碑、告谕、楹联等石刻十多幅。寺内植有七心茶花和红、白玉兰等珍稀花木，其中一株红杜鹃，植于明代，春末夏初，花朵满枝。⑥茶史博物馆。茶史博物馆位于天梯古道起点处。馆内存列着有关蒙顶茶的文献、诗词、标本和茶具。记载蒙顶茶的碑碣，是历史的佐证。各类名茶、边茶的实物与历代形态各异的茶具相映生辉。徜徉于茶史博物馆，陶冶于茶文化中，是一种高雅的享受。蒙顶山是世界茶文明的发祥地，世界茶文化的发源地，不仅有好风景，还有好茶园、好茶品。

蒙顶山还有如下名茶：①蒙顶甘露。蒙顶甘露为中国十大名茶、中国顶级名优绿茶、卷曲型绿茶的代表。②蒙顶黄芽。它是芽形黄茶之一，产于四川省雅安市蒙顶山。蒙顶茶栽培始于西汉，距今已有2 000年的历史，古时为贡品供历代皇帝享用，中华人民共和国成立后曾被评为全国十大名茶之一。③蒙顶石花。其造型自然美观，外形像石头上的苔藓，冲泡后整芽形似花。此茶产于蒙顶山，故名蒙顶石花。早在

2 000多年前的西汉时期，传说茶祖吴理真开始在蒙顶山驯化栽种野生茶树，开始了人工种茶的历史，从唐玄宗天宝元年(724年)到清末1 100多年的时间成为中国历史上唯一的正贡茶。

2. 黄山毛峰及黄山茶文化旅游

黄山毛峰，属绿茶烘青类，产于安徽省黄山市，中国十大名茶之一。由清代光绪年间谢裕泰茶庄所创制。作为传统产茶区，黄山茶文化历史悠久，源远流长。最早见载于陆羽的《茶经》，茶圣陆羽把全国分为8大茶区、43个子茶区，歙州列在"浙西茶区"，歙州是徽州的前身，

■ 安徽省休宁县美景

由原来的新安郡改名而来。明《茶录》记载"徽郡向无茶，近出松萝茶，最为时尚"，道出徽州茶叶重新崛起。今休宁松萝山的一株古茶树，经专家鉴定，树龄在200年以上，印证了松萝茶乃至徽州茶横贯几个世纪的年华。除了黄山毛峰，这里还有祁红、太平猴魁等名茶。

黄山市地处皖南丘陵，属亚热带湿润季风气候，独特的地貌和适宜的气候赋予了黄山市迷人的自然生态。这里的茶文化旅游资源可以分为自然景观和人文资源两大类型。天下名山，必产灵草，黄山之所以成为茶文化中心，就在于其境内群山高耸，土壤肥沃，常年气候湿润，雨量充沛，"晴时早晚遍地雾，阴雨成天满山云"，一年四季都是云雾缭绕。多数茶园都分布在泉水叮咚、沟溪淙淙、树木葱茏、松竹并茂的"岭树重遮千里目，溪涧曲似九回肠"的理想生态之地。茶树品种繁多，目前拥有黄山种、祁门种等7个国家级茶树良种和柿大茶、黄山春韵、滴水香、松萝种等一批省级良种。原生态的高山茶园本身就是一道景观，人文资源更是俯拾皆是，包括特有的徽派建筑形成的聚落景观，遗留下来的古茶树、古茶园、古茶楼、古茶亭、茶碑刻、制茶技艺等遗产资源，徽州地域文化形成的茶俗、茶歌茶舞、茶礼、茶诗、茶道等文化资源。基于此，可以说，黄山是茶文化资源的富集区。2015年12月，黄山市被批准为首批国家级旅游业改革创新先行区，2016年初又成功入选首批国家全域旅游示范区创建单位。全域旅游的发展理念已经开始在黄山市生长。茶产业作为黄山市的农业龙头，在黄山具备诸多优势的前提下，通过全域旅游的理念，整合优化、产业联动，在政府的引导和政策支持下，打造黄山茶的品牌，借势黄山其他文化资源旅游形成的优势，在普及茶文化的同时形成茶文化旅游产业休闲园区，具有巨大发展潜力，也为黄山市的旅游再添新的核心竞争力。

3. 庐山云雾茶和庐山茶文化旅游

庐山植茶始于东汉。根据史料记载，唐朝时众多文人雅士云集庐山，茶叶生产得以发展。相传诗人白居易也曾结茅于庐山香炉峰下，种茶自饮。至于庐山云雾之名据传是从明代起始启用。到宋代，庐山云雾茶已位列"贡茶"名目。1959年，朱德司令品尝此茶后，欣然赞许："庐山云雾茶，味浓性泼辣，若得长时饮，延年益寿法。"庐山云雾茶之所以能成为"中华十大名茶"之一，首先得利天时，庐山海拔较高，各季节间的温差大，再配以散射光的照射，促进了茶树体内芳香物质形成，从而确立了庐山云雾那独特的品质。其次依托地利，庐山各山峰间(特别是五老峰与汉阳峰)终日云雾不散，茶树沐浴在甘露之中，自然所产之茶极佳；再配以陆羽所点的几处极品山泉，更是妙处无穷。再者借势人和，庐山自古人气鼎盛，是十足的"人文圣山"，禅有名僧慧远，道有茶圣陆羽，文有白居易、朱熹、周敦颐，武有岳飞。正是这些人文文化赋予了庐山云雾茶深厚的内涵和底蕴。20世纪50年代以来，庐山云雾茶得到迅速发展，茶园5 000余亩，分布在整个庐山的汉阳峰、五老峰、小天池、大天池、含鄱口、花径、天桥、修静庵、中安、捉马岭、海会寺、帅

■ 庐山风景

家、化城山、青山、通远、八仙庵、马尾水、高垄、威家、莲花洞、龙门沟、赛阳、碧云庵等地。其中尤以五老峰与汉阳峰之间，因终日云雾不散，茶叶品质最好。

庐山有此著名的云雾茶，让我们也来认识一下庐山。庐山，又称匡山或匡庐，隶属于江西省九江市。位于九江市南36公里处，北靠长江，南傍鄱阳湖。南北长约25公里，东西宽约20公里。大部分山峰在海拔1 000米以上，主峰汉阳峰海拔1 474米，云中山城牯岭镇海拔约1 167米。庐山雄奇秀拔，云雾缭绕，山中多飞泉瀑布和奇洞怪石，名胜古迹遍布，夏天气候凉爽宜人，是我国著名的旅游风景区和避暑疗养胜地，1996年被列入"世界自然与文化遗产名录"。古人云"匡庐奇秀甲天下"，自司马迁将庐山载入《史记》后，历代诗人墨客相继慕名而来，陶渊明、谢灵运、李白等许多诗人相继登山，留下了许多珍贵的名篇佳作。苏轼所写的"横看成岭侧成峰，远近高低各不同。不识庐山真面目，只缘身在此山中。"形象描绘了庐山的景色，成为千百年来脍炙人口的名篇。几千万年前的地壳运动，造就了庐山于平地之间兀然拔立的块垒式山峰，造就了庐山叠嶂九层、崇岭万仞的赫赫气势，伴生出峰诡不穷、怪石不绝的阳刚之美。同时，近代波谲多变的政治风云，也给庐山蒙上了一层神奇的色彩。庐山吸引人的地方太多，值得去旅游、去学习，更重要的是去感受它休闲的茶文化之旅。

4. 武夷山大红袍传说与茶文化旅游路线

福建武夷山大红袍是武夷山最负盛名的茶，被誉为"茶中之王"，生长在九龙窠内的一座陡峭的岩壁上。经茶师评定，大红袍茶冲至9次，尚不脱原茶真味桂花香。从而夺得了"茶中之王"桂冠，名闻海内外。"大红袍"母树原是天心寺庙产，茶树生长的九龙窠岩壁上，至今仍保留着"大红袍"石刻，摩崖石刻"大红袍"三字系民国时期第33任崇安县长吴石仙任上所题。据天心老茶农苏炳溪介绍，"大红袍"三字于抗日战争胜利后（他时年18岁），由马头石匠黄华友（又名：黄华有）所刻。这里日照短，多散射光，昼夜温差大，岩顶终年有细泉浸润流滴。这种特殊的自然环境，造就了大红袍的特异品质，大红袍茶树现有6株，都是灌木茶丛，叶质较厚，芽头微微泛红，阳光照射茶树和岩石时，岩光反射，红灿灿十分显目。

关于"大红袍"的来历，传说古时有一穷秀才上京赶考，路过武夷山时，病倒在路上，幸被天心寺老方丈看见，泡了一碗茶给他喝，果然病就好了，后来秀才金榜题名，中了状元，还被招为东床驸马。一个春日，状元来到武夷山谢恩，在老方丈的陪同下，前呼后拥，到了九龙窠，但见峭壁上长着六株高大的茶树，枝叶繁茂，吐着一簇簇嫩芽，在阳光下闪着紫红色的光泽，煞是可爱。老方丈说，你犯鼓胀病，就是用这种茶叶泡茶治好。很早以前，每逢春日茶树发芽时，就鸣鼓召集群

■ 九龙窠岩壁上保留的"大红袍"石刻

猴，穿上红衣裤，爬上绝壁采下茶叶，炒制后收藏，可以治百病。状元听了要求采制一盒进贡皇上。第二天，寺内烧香点烛、击鼓鸣钟，招来大小和尚，向九龙窠进发。众人来到茶树下焚香礼拜，齐声高喊"茶发芽！"然后采下芽叶，精工制作，装入锡盒。状元带了茶进京后，正遇皇后肚疼鼓胀，卧床不起。状元立即献茶让皇后服下，果然茶到病除。皇上大喜，将一件大红袍交给状元，让他代表自己去武夷山封赏。一路上礼炮轰响，火烛通明，到了九龙窠，状元命一樵夫爬上半山腰，将皇上赐的大红袍披在茶树上，以示皇恩。说也奇怪，等掀开大红袍时，六株茶树的芽叶在阳光下闪出红光，众人说这是大红袍染红的。所以，人们就把这六株茶树叫做"大红袍"了。后来又在石壁上刻了"大红袍"三个大字。从此大红袍就成了年年岁岁的贡茶。

大红袍母树于明末清初发现并采制距今已有350年的历史。数百年来盛名不衰，其传说颇多，广为流传。古时采摘大红袍，需焚香礼拜，设坛诵经，使用特制器具，由名茶师制作。中华人民共和国成立初期，大红袍在采制期间有驻军看守，制作过程中的每道工序都有专人负责并称重后签字，加封后由专人送呈当地市人民政府。九龙窠的母树大红袍是武夷岩茶的杰出代表，由于它的神秘玄妙，古往今来，吸引了无数中外游人，以一睹芳容为快。1998年，第五届武夷岩茶节上20克母树大红袍首次拍卖，竞价高达15.68万元。2005年，第七届中国武夷山大红袍文化节上，20克母树大红袍第五次拍卖，拍出了20.8万元的天价。中华人民共和国成立后，特别是改革开放以来，当地茶叶技术人员经过长时间的刻苦钻研，科研攻关，终于在20世纪80年代初将大红袍无性繁殖成功。后经福建省科学技术委员会组织有关专家鉴定，一致认为无性繁殖的大红袍保持了母本的优良特性，在武夷山特定的生态环境下，可以推广。经过二十多年的推广和改进工艺，武夷山大红袍已得到空前的发展，一跃成为行销世界各地，深受广大消费者喜爱的名牌产品，在各地武夷山大红袍经销店均能购买到产自武夷山的武夷山大红袍，满足了广大消费者的需求。

根据联合国批准的武夷山世界文化与自然遗产名录，大红袍已作为古树名木录入武夷山世界自然遗产，大红袍与遇林亭窑址、御茶园等已录入武夷山世界文化遗产，属于福建省武夷山世界文化与自然遗产保护条例的保护范围。同时，九龙窠"大红袍"摩崖石刻是省级文物保护对象，《中华人民共和国文物保护法》规定："基本建设、旅游建设必须遵守文物保护工作的方针，其活动不得对文物造成损害"。原国家质量监督检验检疫总局对武夷岩茶良种茶树也明确提出保护措施，根据条例和文物保护法精神，为确保这一珍贵的世界遗产长得更好、更壮，武夷山市政府进一步加强对母树大红袍的保护和管理：一是自2006年起，对母树大红袍停止采摘；二是指定茶业专业技术人员进行专业管理；三是改善和保护母树大红袍生态环境；四是建立详细的管护档案；五是拨出专项资金进行管理；六是明确茶业局为管护单位。

名山出名茶，名茶耀名山。大红袍是中国特种名茶，一直在国内外享受盛名。武夷山是中国的茶文化艺术之乡，也是乌龙茶、红茶的发源地。武夷山茶文化之旅，赏美景、品佳茗，沐浴在芳香的茶香中，体验诗人一般的优雅人生。来此旅游，建议体验以下的旅游线路。

第一站，大红袍景区。进景区是为了了解武夷山茶文化而开辟的特色路线。沿途你可以看到、触摸到武夷奇茗二十七种，走在幽静的山间小路上，耳边听着流水声，迎来阵阵的茶花香。不仅如此，还能看见让茶人激动的大红袍母树。随后参观全国农业旅游示范点乌龙茶制作流程，参观结束后可入住酒店。在夜幕降临时，伴着阵阵茶香入睡。

第二站，武夷山天游峰。在此感受丹霞地貌的灵气，沿途观赏武夷山御茶园遗址。还有武夷山遇林亭窑址，是我国宋代八大窑址系之一，是目前全国规模最大、保存最完整的宋代故窑址。晚上，可以观看由张艺谋导演的《印象大红袍》表演，进一步了解武夷山的茶文化。

第三站，中华茶博园。这里展示了武夷茶悠久的历史、神奇的传说、精湛的工艺。

第四站，"三坑两涧"正岩茶生态自然游。在这里感受正岩好茶的产地与发展，享受户外生态茶园风光。不仅有着传统厚重茶文化的保留，也有现代科技的创新与进步。

第五站，下梅古民居。这里是晋商万里茶路的起点，从武夷山一直到蒙古国、俄罗斯。

5. 峨眉山茶文化旅游

位于四川的峨眉山一直以博大精深的佛教文化闻名于世。游客来到这里，可享受到采茶、制茶、品茶、购茶等一系列休闲体验，茶旅结合已成为峨眉山休闲旅游的重要组成部分。峨眉山一年中有323天都为云雾笼罩，年降水量达1 200～1 800毫米，拥有世界一流的茶树生长环境。这里有近3万亩的高山生态茶园及大量的野生古茶群，还有著名景点万年寺，20世纪50～60年代，朱德元帅、陈毅元帅、贺龙元帅曾先后来到万年寺赏兰品茗。从万年寺步行5分钟，便可到新建的万年雪芽坊。这里海拔1 000米，四周为峨眉含笑、高山杜鹃、珙桐、千年桢楠的混交林。疲倦的游客可在此小憩，或品一杯香茶，或邀好友一同煮茶论道。雪芽坊的茶艺师可现场指导游客泡茶，并介绍峨眉禅茶的精妙。雪芽坊是2014年峨眉山推出的首个"私人定制"的禅茶文化养生产品，突出了绿色、生态、环保的养生密地概念。雪芽坊内，依山而建四幢简单朴素的木质小屋，看上去与周围环境非常和谐。在房间里可凭窗远眺峨眉山十景之灵岩叠翠与罗峰晴云。置身其中，正所谓"续仙山之气脉，托秀水之润泽。逢禅茶之邂逅，宜旅人之栖然。"峨眉山自古产名茶，据文献记载，早在3 000多年前，峨眉山就有茶事生产活动。峨眉雪芽的名字为隋末唐初峨眉山佛门茶僧所取，距今已有1 500多年的历史。隋唐两代，峨眉雪芽已成名茶，年年进贡朝廷皇室。峨眉雪芽同峨眉山独特的自然气候紧密相关。每年雨水至清明时节，茶园中的白雪尚未融尽，雪野中的峨眉山茶新发茶芽且开且合，似白雪翡翠，晶莹灵透，鹅黄飞绿。南宋诗人陆游便在此留下"雪芽近自峨眉得，不减红囊顾渚春"的千古名句。峨眉山自1996年被联合国列入世界自然与文化遗产保护名录后，境内的黄湾乡15个村全部实施停耕还林，近6万山区农民成为失地农民。如何解决旅游冷线上农民的收入，这个问题促使峨眉山景区管委会确定发展峨眉雪芽有机茶项目。管委会坚持实施"旅游反哺农业"发展战略，把帮助农民种植茶叶致富作为景区新农村建设的重点项目，每年从旅游总收入中提取3%用于鼓励农民种茶，并且成立了

■ 四川峨眉山美景

峨眉雪芽茶叶专业种植合作社，茶农参股入社，形成"公司＋基地＋农户"的产业化合作模式和种、产、供、销一条龙产业链。据有关人士介绍，景区先后无偿投资数百万元，免费向农民发送优质良种茶苗，邀请国内外有机茶专家为农民传授种植管理技术。经过8年的探索实践，走出了一条以峨眉雪芽茶叶为龙头的景区特色农业产业链发展之路，种植峨眉雪芽已成为景区及周边停耕还林农民的"摇钱树"。同时，峨眉雪芽这个茶品牌也成为峨眉山旅游新的增长点。

峨眉雪芽因旅游而复兴，又反哺旅游的发展。茶叶的发展给峨眉旅游业带来了丰富的内容，旅游业的繁荣带动了茶叶的快速发展，二者可谓相辅相成。如今，峨眉山景区每年接待游客约300多万人。这为茶叶提供了庞大的消费市场。目前峨眉雪芽已推出绿茶、有机茶、白茶、红茶、茉莉花茶及黑苦荞茶六大类160多个产品，2014年新增加峨眉黄芽、峨眉甘露等，以满足消费者的多元需求，体验茶文化已经成为峨眉山旅游的重要内容。峨眉山是中国四大佛教圣地之一，其所传承的千古峨眉禅茶养生文化历史悠久。峨眉山通过每年举办"峨眉雪芽供佛法会"，让游客近距离感受峨眉山禅茶加持的传统仪式，感悟真正的"禅茶一味"。2014年，峨眉山景区创办了国内首家面向茶业企业培养茶叶加工、茶叶营销、茶文化传播等人才的茶业商学院；建设国内第一个数字化的茶文化旅游体验中心；建设国内第一条汇聚十大名茶体验馆的中国养生主题茶街。2018年，峨眉山重点打造黑水村的3 000亩珍稀有机茶生产基地，根据景区不同季节所呈现的自然、人文条件，开辟茶文化专线旅游，开启"一山一茶一家人"的寻茶之旅，组织游客到峨眉雪芽黑水茶叶生产基地进行绿色漫游，参加采茶、制茶活动，与村民一道唱茶歌、跳茶舞，体验茶人之乐。2014年，还在峨眉山主要旅游线路设茶艺馆、茶文化展示厅、名茶展销点，让游客在游山途中在这些地方小憩，欣赏茶艺表演，品味峨眉雪芽。峨眉茶旅将成为大众寻求心灵释放的一种全新概念的休闲方式。

6. 太姥山的白茶传说和茶文化旅游

太姥山位于福建省东北部，在福鼎市正南距市区45公里，约在东经120°与北纬27°附近。挺立于东海之滨，三面临海，一面背山。主峰海拔917.3米。它北望雁荡山，西眺武夷山，三者成鼎足之势。相传尧时老母种兰于山中，逢道士而羽化仙去，故名"太母"，后又改称"太姥"。闽人称太姥、武夷为"双绝"，浙人视太姥、雁荡为"昆仲"。如今，来自世界各地的游客到此观光旅游，体会太姥山的美。这里包括天然景观，还有历史渊源的茶文化古迹。太姥山是福鼎白茶的标志，有关白茶最古老的传说就发生在这里。传说太姥娘娘曾在鸿雪洞采茶做茶，疗救了许多麻疹患儿。古籍中有关白茶的许多记述也指向太姥山。太姥

■ 太姥山美景

山现以白茶闻名，不过原生的野茶树并不普遍，1957年，福建农业科学院茶叶研究所做调查时，在太姥山鸿雪洞发现过单株野茶树，便是那棵著名的"绿雪芽"。太姥山的野生茶树往往只在岩洞中才得以生存，加上人为破坏因素，"野生茶几近灭迹"。从地质学上说，太姥山标志性的花岗岩，距今约有一亿年。早先为太平洋板块和陆地板块的积压，造成岩浆喷发，形成大面积火山岩，此后地壳抬升，火山岩露出地表，风化形成奇峰怪石，各具形态。太姥山属于中亚热带海洋性季风气候，年平均气温18.2℃，降水量1 600～2 100毫米，相对湿度大，云雾多，无霜期长，植被丰茂。土壤为山地红壤和过渡性黄红壤，含火山岩风化物质和腐殖质，根据采样，pH为4～4.5，这些都是茶树生长和种植的理想条件。2011年8月，还发现了珍稀的中华桃花水母，进一步说明这里的生态环境良好。

7. 洞庭碧螺春及茶文化旅游

碧螺春主产区位于江苏省苏州市吴县太湖的洞庭山，所以又称"洞庭碧螺春"。洞庭山是国家级太湖风景名胜区的一部分，洞庭东山是太湖中最大的半岛，面积63平方公里；西山面积79.8平方公里，是我国内湖第一大岛。洞庭山气候温和，年平均气温15.5～16.5℃，年降水量1 200～1 500毫米，土壤呈微酸性或酸性，质地疏松，适宜茶树生长。碧螺春茶始于明代，俗名"吓煞人香"，到了清代康熙年间，康熙皇帝视察并品尝了这种汤色碧绿、卷曲如螺的名茶，倍加赞赏，但觉得"吓煞人香"名字不雅，于是题名"碧螺春"。洞庭山的茶林和果园融为一体，茶树与桃、李、杏、梅、橘、枇杷、杨梅等芳香吐蜜的果木交错种植，是典型的茶果间作区。作为我国古老的茶区之一，洞庭东、西山有1 000多年的茶文化历史，积淀了丰富的茶文化旅游资源，形成了诸如茶文化遗址、建筑、民俗、技艺、节庆等人文旅游资源：既有康熙皇帝御码头、贡茶院、碧螺春茶起源地——水月禅寺等一批茶文化历史景观；也有墨佐君坛——唐代茶圣陆羽像、江南茶文化博物馆茶文化展示馆等一批新兴特色茶文化建筑；特别值得称赞的是这里还有已经列入我国非物质文化遗产名录的碧螺春制茶工艺，以及新兴的"碧螺春茶文化旅游节"等。优美的茶园生态、自然风光和深厚的茶叶历史文化，构成了太湖洞庭山茶文化旅游资源的主体。2002年开始，吴中区先后开展了多项茶文化活动，旨在依托碧螺春品牌优势，开发茶文化旅游。目前，"苏州洞庭碧螺春茶文化旅游节"已经连续举办9届，成为苏州旅游节庆的重要内容。

■ 江苏洞庭山风景

8. 杭州西湖茶文化之旅

杭州，自秦朝设县治以来已有2 200多年的历史，曾是吴越国和南宋的都城，是中国八大古都之一。杭州西湖是国家级风景名胜区，西湖十景有平湖秋月、苏堤春晓、断桥残雪、雷峰夕照、南屏晚钟、曲院风荷、花港观鱼、柳浪闻莺、三潭印月、双峰插云，湖区尤以苏堤、白堤的风光最有优美。2011年6月24日，杭州西湖列入世界遗产名录。

西湖龙井茶是绿茶，是中国十大名茶之一，名闻海内外。西湖龙井茶之名始于宋，闻于元，扬于明，盛于清。清乾隆皇帝游览杭州西湖时，盛赞西湖龙井茶，把狮峰山下胡公庙前的十八棵茶树封为"御茶"。"欲把西湖比西子，从来佳茗似佳人"。龙井既是地名，又是泉名和茶名。龙井茶有"四绝"：色绿、香郁、味甘、形美。西湖龙井茶品质特点为扁平光滑挺直，色泽嫩绿光润，香气鲜嫩清高，滋味鲜爽甘醇，叶底细嫩呈朵。传统的龙井茶分为"狮峰、龙井、云栖、虎跑、梅家坞"五大产区，

■ 杭州西湖美景

现统称为西湖龙井。龙井茶炒制有"抖、带、挤、甩、挺、拓、扣、抓、压、磨"十大手法。

西湖茶文化之旅不仅看龙井茶采制、品茗，参观茶楼、茶馆、茶店，还可以参观中国茶叶博物馆、中国农业科学院茶叶研究所、全国供销合作总社杭州茶叶研究院、浙江大学茶学系等。

二、著名茶乡型

1. 安溪铁观音由来及安溪茶文化之旅

铁观音原产于福建省安溪县西坪镇，发现于清初。这里有着得天独厚的自然环境与气候条件，适宜茶树生长。安溪有乌龙茶铁观音、本山、毛蟹和黄旦等60多个优良品种，在这些品种中铁观音品种最佳，素有"绿叶红镶边，七泡有余香"的美称，多次被评为全国名茶和世界名茶。铁观音是乌龙茶茶类中的一个优良品种，铁观音既是茶树品种名称，也是茶叶成品名称和茶叶商品名称。铁观音名称的由来目前有两种常见的说法。

（1）铁观音茶民间传说中的"魏说"

据福建安溪民间传说，在清雍正年间，安溪西坪乡松林头（今西坪镇松岩村）一位茶农名叫魏荫，又名承荫，字乃树，号科镒，清康熙四十年（1702年）九月初十生于安溪崇信里尧阳乡松林头村。一生勤于种茶，又笃信观音菩萨，每天清晨和晚上都要在家里供奉的观音菩萨案前点上三柱香，敬奉三杯茶。几十年从不间断，很是虔诚。某一天，一场山火，将魏荫的房子烧得片瓦无存。面对飞来横祸，魏荫丝毫没有动摇对观音菩萨的一片赤诚之心，清理废墟时，他第一件事即是寻找出观音神像，并搭起一座小佛堂，重新将观音供奉起来。1725年的一天夜里，魏荫在睡梦中见自己荷锄出门，沿着山间小径来到一座观音庙旁，只见古松耸立，溪涧上空水雾缭绕，云雾中有三条巨龙若隐若现，恍惚间，隐约传来观音菩萨的声音："庙下龙潭边石缝中有一株茶树，乃茶中极品，常饮此茶可健身防病，延年益寿。念你虔诚，特赐予你，望你悉心培育，广为传播，造福人间。"话音刚落，只听一声巨响，眼前闪电一闪，三条蛟龙现出真身，一边向观音庙叩首，一边腾云驾雾而去，魏荫随即从梦中惊醒。第二天凌晨，魏荫在观音像前点香奉茶后，便沿着梦境中的山间小径，来到这座观音庙前，只见四周古木参天，云雾迷漫，松涛似鼓，飞瀑高悬，一派气象万千的奇特景象，魏荫急忙走进庙里，跪在观音像前，双手合掌，虔诚祈求观音菩萨指点迷津。这时，恰好旭日初升，万道霞光穿过林间云雾，庙的四周烟霓缕缕升空，渐渐散开。一会儿，烟霓散尽，但见三条溪水像三条银龙穿石越涧，奔流而下，离庙不远处有一龙潭，龙潭峭壁的石缝中果然有一株茶树，叶片在阳光下熠熠闪光。魏荫异常欢喜，顾不得周围荆棘丛生，立即攀岩而上，靠近茶树，仔细一看，这株茶树果然与众不同，叶芽紫红，叶肉肥厚，叶形椭圆，叶尖微斜，真乃天下奇茗，难怪观音庇佑，三龙鼎护。魏荫高兴之余，遂小心翼翼地采一些新芽新叶回家制作，经过摇青、杀青、揉捻、烘焙等工序后，其茶样特异，香韵非凡，冲泡品饮，不仅满口有天然馥郁的兰花香，而且齿颊留香，喉底回香，余韵袅袅，令人神清目爽，心旷神怡。魏荫将香茗密藏罐中，视为家珍，每逢贵客临门，才取出冲泡，客人无不交口称赞。据说，以后魏荫用压条法繁殖几株茶苗，种植于自家的铁鼎里，精心管理，茶季来临时，魏荫选择良辰吉日，敬奉观音菩萨后，方采摘芽叶，精心制作。有一天，一位私塾老师来魏荫家作客，品过此茶后，惊问："此等好茶，从何而来？"魏荫把观音托梦之事相告，见此茶色泽乌润，置于手心，沉重似铁，且在铁鼎里种植，又是观音菩萨托梦所赐，于是便把它取名为"铁观音"，民间称它为"魏说"，或称"观音托梦说"。

（2）铁观音茶民间传说中的"王说"

关于铁观音茶名称的由来，还有另一种说法，称它为"王说"，又称"皇帝赐名说"。说的是安溪西坪乡尧阳人王士让，生于清康熙二十六年（1687年）。雍正十年（1732年）以五经应试中副车。于乾隆元年（1736年）丙辰之春，与诸友会文于南山之麓，见在书轩之旁，层石荒原之间，有一株枝叶茂盛、圆叶红芽的异种茶树，异于其他茶树，故遂移植于南轩之圃，朝夕灌溉，年年繁殖，之后枝叶茂盛，圆叶红心。摘制成品茶，其气味芳香超凡，泡饮之后，令人心旷神怡。至乾隆六年（1741年），王士让进京拜谒部侍郎方望溪，并以此茶馈赠。方收后转进朝廷，适逢皇太后生病，服百药无效，经饮此茶却愈。乾隆皇帝即召见方望溪及王士让，询问尧阳茶史之后，乾隆皇帝观其形，察其色，因其产地在安溪西坪南岩，又因茶品色泽乌润，美如观音，沉重似铁，遂赐名"南岩铁观音"，所以"王说"又称"皇帝赐名说"。

由于上述两种不同的民间传说，引起了铁观音这一名茶的发源地之争。究竟"魏说"有理，还是"王说"有理，也有人认为，魏荫是种茶人，他发现铁观音比较可信。王士让是读书人，又做官，他对铁观音茶向西坪以外推广，容易做到，至于推广问题，尤其是在较为闭塞的西坪，应该更是功不可没。所以产生出了一种"折中"的说法——"魏荫发现，王士让推广说"。但所有的争论中有一个共同点，即铁观音茶发源于福建省安溪县西坪镇，这应该是不争的事实。而铁观音的起源距今已有300多年的历史。2002年9月7日，农业部中国特产之乡推荐暨宣传活动组织委员会授予安溪县西坪镇"中国铁观音茶发源地"认定牌匾及颁发农业部证书，西坪镇成为我国第一个获国家级认定的特产发源地。

■ 安溪县西坪镇风景

（3）在此的基础上发展起来的安溪茶文化之旅

1）茶都茶文化之旅：中国茶都—铁观音发源地—茶叶大观园—魏荫铁观音文化园。作为中国三大茶文化黄金旅游线路之一，山水茶都安溪无疑是绝佳去处。在安溪，林立的茶馆、弥漫的茶香、现代化的茶叶庄园正等候着您，您可以去茶乡探源，也可以体验茶农生活……走进安溪，就是走进一个芳香四溢的铁观音王国。依山傍水的安溪茶都，典雅秀丽，兼有欧式气派和侨乡风格。建有多功能茶文化活动中心、茶文化博览厅、茶艺表演厅、文化广场、品茶楼、各式展厅和一个茶景公园。追香寻韵，探源铁观音发源地。西坪这个面积仅有145.5平方公里的乡镇，却是乌龙茶制作技艺的发祥地、茶叶短穗扦插育苗法的诞生地、铁观音发源地的起始点，涌现出了八马茶业、魏荫名茶、日春茶业、中闽魏氏、山国饮艺、华祥苑等众多福建省内的龙头茶企。据《中国茶经》《福建乌龙茶》《安溪县志》记载，铁观音起源于西坪，其由来有"魏说""王说"两说。西坪镇山因水清，水因山秀。优美的自然风光，浓郁的民俗风情，独特的茶文化，众多的文物古迹，构成了异彩纷呈的西坪"原乡"旅游画卷。始建于明嘉靖年间(1522—1566年)的代天府，是

"魏说"铁观音发源地风景区内主要的旅游景点。代天府，原称石鼓府，相传原供奉有清康熙皇帝敕封圣旨牌，故改为今名，意为代天行道，护国安民。庙前有下马碑，庙里悬挂李光地所书的"山高月明"匾，故香火鼎盛，遐迩闻名。沿着茶都观光线和生态探幽线，可以游览集朝圣休闲旅游为一体的凤山风景区；领略"中华茶叶大百科全书"——安溪茶叶大观园的风采（包括安溪茶的发展史、茶的种类、茶艺、茶诗、茶联、茶歌）。沿着休闲度假线，可在凤山风景区游乐观光，又可以在设计独特、规模宏大、举世无双的茶叶大观园览尽全国茶树之精华，沉浸于博大精深的茶文化之中；为适应茶文化旅游的高端需求，2009年以来，安溪县政府鼓励众多品牌茶企学习借鉴法国葡萄酒庄园的生产经营模式，建起集茶叶生产、茶文化体验、观光旅游于一体的铁观音茶叶庄园。20多个铁观音茶庄园和茶文化展览馆，就像一本本耐人品读的茶书，为茶乡原生态体验旅游再添新亮点。由著名铁观音企业魏荫名茶斥巨资打造的"铁观音文化园"位于安溪城东工业园，是福建省工业旅游示范点。铁观音文化园占地27亩，集茶品种观赏、茶文化展示、茶产品展销为一体，设有铁观音茶史馆、魏荫名茶产品展示厅、魏荫茶艺馆、园区办公楼、铁观音精制厂五大功能区。由七匹狼集团投资50亿元的海峡茶博园，建有茶文化主题社区，包括科研茶园、科研中心等在内的安溪茶科研基地等，打造成国内知名的茶文化旅游区、国家级茶文化产业园区。此外，中国茶博汇作为全国农产品加工创业基地，是安溪县委、县政府为进一步提升完善中国茶都的功能、延伸茶产业链而策划建成的安台茶业合作项目，是中国茶都的升级版。

2）朝圣之旅：清水岩—太王陵威镇庙—保生大帝祖籍地—洪恩岩—东岳寺城隍庙。清水岩，岩宇亭台耸立于蓬山之麓，至今已有950多年历史，内奉中国百仙之一清水祖师，是国家ＡＡＡＡ级旅游区。太王陵，俗称"圣王公墓"，为广泽尊王父母的陵地。安溪县级文物保护单位，坐落于威镇庙附近的山麓，整座陵墓古朴大气。在此眺望，山峦重叠，计有十八重，层层堆叠，似雄狮、如山魔、若大象……景色天成，有人称此地形为蜈蚣十八案，案案朝拜。每年有大批海内外人士前往观光焚香。威镇庙，始建于五代末，已有千余年历史，现存建筑为清代遗址，庙内奉广泽尊王太子神，为安溪县首批县级重点文物保护单位。威镇庙为重檐歇山式建筑，宽深各三间。屋顶两边上下有十四根飞檐翘脊，耸峙挺拔。庙内的深井埕设计巧妙，埕虽无出水口，但每逢暴雨倾注其中，却能自行消退。保生大帝祖籍地——感德玉湖殿，内奉祀北宋时期闽南地区的灵医吴夲。自宋迄明，敕封十五次，为无极保生大帝，加上人民的崇拜，这个北宋灵医逐步演变成为闽台地区最有影响的医神。该殿始建于宋，坐北朝南，悬山顶，面阔三间，进深三间，尚存宋代柱础等遗物。洪恩岩，位于虎邱圭峰山，国家ＡＡＡ级风景旅游景区，有观音潭、层瀑、学士洞、宋代小木屋等18个景点，是厦门市民周末自驾游最佳目的地及理想的影视拍摄基地。城隍庙，始建于后周显德三年(956年)，现存建筑为清代遗物。1990年，迁移到凤冠山麓和东岳寺并肩联臂，联为一体，成为一道独特风景。城隍庙为五进殿堂，依山势而建。城隍殿前有拜亭，挺峙一对青石龙柱，已有千年历史，全庙建筑面积1 200余平方米，为佛道合一的典型建筑。安溪城隍信众广播，海内外分炉达三百多处。安溪城隍曾两度受封，天子赐金冠、龙袍、玉印，褒封显佑伯，而福建省其他县级城隍均无此殊荣，便有了"八闽第一""五邑无双"这副对联。如今每到城隍生日，台湾及东南亚等地和闽南周边便有很多人前来迎神祀奉，以求平安。

3) 名相故里文化休闲之旅：李光地故居(新衙、旧衙)—贤良祠—泰山岩—千年文庙。李光地的故居在素有"小泉州"美誉的历史文化名镇——安溪县湖头镇,这里有100多处明清古建筑,其中以李光地新、旧衙最为典型。李光地旧衙位于湖头街北边,整座建筑形似殿宇,简朴大方,纵深五进,两边护厝,斗拱、梁架、门窗上面雕有各种图案,正厅及廊宝墙上嵌有数十块大理石,镌刻着康熙皇帝手迹书赐李光地书文。厅堂悬挂着"谟明弼谐"等牌匾近10块,映射出古厝不平凡的历史。李光地读书地——贤良祠,位于湖头俊民中学校内,始建于清康熙二十四年(1658年),又名"榕村书屋",李光地死后,雍正为表彰李光地改易今名。贤良祠为三进,四合院式,正常为悬山顶,抬梁式建筑构造,占地面积约1 000多平方米。千年文庙,安溪文庙位于安溪县城关,始建于北宋咸平四年(1001年),是国家级文物保护单位。现存建筑为康熙年间重建,为江南现存同类物中最完整的古建筑艺术群,素有"名冠八闽、秀甲东南"之誉。

4) 农耕文化休闲之旅:尚卿乡尤俊农耕文化园,据安溪县城47公里。园区以农耕文化为主题,融观光性、娱乐性、休闲性、科普性与体验性为一体,是福建省三星级乡村旅游经营单位。

5) 红色文化休闲之旅:凤山革命烈士纪念牌—佛仔格革命斗争史展览室—安南永德苏维埃政府旧址—莫邪故居。中共安溪中心县委诞生地——佛仔格中新厝是泉州第一个红色政权——安南永德苏维埃政府的旧址。整个土地革命战争时期,安南永德苏维埃政府是泉州地区最早的也是唯一的苏维埃政权,中共安溪中心县委领导6个县的革命斗争,也是规格最高的红色政权,而其他县只建立了县工委。《延安颂》词作者莫耶故居,位于安溪县金谷镇溪榜村,在安南永德苏维埃政府旧址对面,为"县批重点文物保护单位"。莫耶故居原名"逸楼",始建于1907年,晚清进士曾振仲题写楼名"逸楼"。故居为二层楼的西式建筑,楼前有一方池塘,给人以明亮雅丽的感觉。

6）康体养身休闲之旅：志闽生态旅游园系列项目—连捷温泉世界—凤山风景旅游区。志闽生态旅游园是龙门省级森林公园的主要景区，以运动休闲和素质拓展闻名。在这里可以迎接挑战、超越自我，又可以休闲品茗，享受宁静的自然风光。连捷温泉世界是以温泉为主线，集旅游、休闲、度假、人居、文化教育及生态农业为一体的度假胜地，总占地约7 200亩。坐落于泉州安溪县官桥镇，远离城市喧嚣，离厦门同安仅有36公里。凤山公园，凤山风景旅游区位于安溪县城北侧，青山如凤饮水龙湖，构成绝美的天然景观，是国家ＡＡＡ级旅游区，也是福建省级森林公园。登凤山涵虚阁、明德楼可俯瞰全城，游茶叶大观园、孔子龛等景点可领略多元文化。

2. 婺源绿茶与中国最美茶乡之称

婺源的产茶历史悠久，早在唐代就开始栽培茶树生产茶叶，距今已有1 200年的历史。婺源茗眉绿茶被列为全国30种名茶之一。1995年3月，婺源被国家命名为"中国绿茶之乡"。婺源绿茶，始于汉而兴于唐，享有"唐载《茶经》、宋称绝品、明清入贡、中外驰名"的美誉。婺源地处我国绿茶产地的"金三角"，婺源茶树大多生长在高山深谷中，饱受雾露的滋润，萌发的芽叶厚嫩柔软，含有丰富的维生素、氨基酸等营养成分，制成的绿茶香气馥郁，滋味醇厚，具有"叶绿、汤清、香浓、味醇"等优点。茶圣陆羽在《茶经》中就有"歙州茶生婺源山谷"的记载。

《宋史·食货志》载：婺源之谢源茶为全国六大绝品之一。明清时，多个茶叶品种被列为贡品。婺源的茶叶秉天地之灵气，聚日月之精华，多为手工精心焙制，香馥味醇，滋味鲜浓，汤清明亮，曾获明嘉靖皇帝赏赐匾额。清乾隆年间，婺源绿茶开始大量出口外销，成为英国贵族不可缺少的饮料。清宣统二年，龙腾人俞杰然建"祥馨实业花园"，种珠兰、茉莉花数千盆为窨花之用，其花茶获农工部金奖。后俞仰清精制"珠兰龙井"，在1915年的"巴拿马万国和平博览会"上获金奖。婺源茶叶品种繁多。中华人民共和国建立前，就有珍眉、针眉、抽贡、凤眉、贡熙、窨花茶、三角片、绿茶粉、寿眉、白毫、银针、炒青等诸多外销品种。婺源名气最大的绿茶是婺源茗眉。这种绿茶因其形状纤细如仕女之"秀眉"而得名。"茗眉"被评为全国名茶，还在1999年昆明世博会上夺得金奖，被商业部称之为"世界茶叶珍品"。

婺源钟灵毓秀，具有典型的地域性茶文化。南宋以来，特别是明代，婺源因是朱熹故里，儒学盛行，文风鼎盛，茶礼、茶俗蔚然成风，在文人的推动下，茶道溶进了更多的地方特色和文化内涵。婺源茶道中的"农家茶""富室茶"和"文士茶"，正是从民间整理而成的，反映出不同层次的文化形态。比如，在婺源乡村，不仅家家会种茶，而且人人

■ 婺源"中国绿茶之乡"

善做茶、饮茶。他们不论是上山伐木，还是下田耕作，都要带上用竹子做成的茶筒。为了路人方便，村间道路还设有茶亭。家里待客，更是非茶不可，"农家茶"，形式比较简朴。而"富室茶"，茶香书香，颇具气派。最讲究的当推"文士茶"。婺源历史上属新安文化，儒雅风流。因此，文人学士品茶，一讲"境雅"，二要"器雅"，三就是"人雅"了，追求的是一种"汤清、气清、心清"的神妙境界。

婺源全县拥有茶园面积13.27万亩，有5个茶叶生态示范观光园区。所产绿茶出口欧洲，占欧盟进口茶叶量70%以上，全为免检产品。全县茶叶产量、面积、出口创汇均居江西省首位。目前，婺源涉茶农民已达22万人。绿茶已发展成为婺源的支柱产业，是全国10大绿茶生产基地县。2005年初，婺源县申请注册"婺源绿茶"，6月1日正式获得国家工商行政管理总局确认。"婺源绿茶"证明商标，是一个证明产品生产地的公用商标，是婺源茶叶产品的"身份证"。

"江南美景何处觅，婺源深处百姓家。"婺源不仅茶叶香，还是山水优美的胜地，因为它有着"中国最美乡村"的美誉。喝茶品茗赏美景，婺源就是那么一个山水之中都飘荡着茶香的美丽地方。到婺源访茶，金山生态茶园是不可错过的。这是一个集有机茶生产和旅游观光于一体的生态茶业观光园，每年春天来这里体验茶游的人非常多。游客在此可以游览翠绿的茶园，静心品茶，还可自摘、自做茶叶，可观看制茶表演和茶道表演，还可垂钓并进行其他休闲娱乐。在婺源，古山林、古埠头、古商业街、古巷、古祠堂和散落在各个村落古巷中的众多官邸、商宅、民居和书屋依然完好地矗立在那里，明清时期的历史风貌、丰富的历史文化遗存和深厚的徽文化渊源依然清晰可辨。目前，婺源旅游已形成东、西、北三条精品线路。东线："中国县级第一馆"婺源博物馆—湖中小岛月亮湾—小桥流水人家李坑—古埠名祠汪口俞家宗祠—古文化

生态村晓起—伟人故里江湾—萧江大宗祠—萧江源—高山平湖江岭；西
线：县城—文公山风景名胜区—古城—金山茶园—亚洲最大的鸳鸯栖息
地鸳鸯湖；北线：县城—丛溪漂流—徽商古村落思溪延村—宋代廊桥彩
虹桥—仕宦名村理坑—国家森林公园灵岩洞—盛产有机绿茶的大鄣山。

3.贵州湄潭茶文化之旅

湄潭，位于贵州高原北部，这里冬无严寒，夏无酷暑，森林覆盖率
达60.8%，素有"云贵小江南"之美誉，是久负盛名的"茶城、酒乡、
烟县、粮仓"。在历史长河里，湄潭积淀了红军长征文化、浙大西迁文
化、茶文化等多姿多彩的地方特色文化。红军长征时期，罗炳辉将军率
红九军团进驻湄潭，在此播下了革命火种，点燃了湄潭的革命烽火；抗
日战争期间，竺可桢校长率浙江大学西迁湄潭被称为"文军"的长征。

湄潭茶叶近现代的发展可追溯到20世纪30年代末40年代初，当时
的民国中央实验茶场迁至湄潭，使这座宁静的小城一度成为战时中国的
科教重镇和茶叶研究推广中心。如今，湄潭县利用得天独厚的生态资源
禀赋，大力发展茶产业和推进新农村建设，深入挖掘茶文化，加快茶旅
一体化和乡村旅游发展，形成了七彩部落、贵州茶文化生态博物馆、浙
大西迁历史陈列馆等一批景区景点，湄潭县正成为全景域的多彩大公
园。随着全景域旅游的推进，2014年和2015年，湄潭连续两年旅游增
长速度位居遵义市前列。"山上茶园翠绿，山下田园飘香；黔北民居连
片，亮丽现代农庄"是湄潭县兴隆镇田家沟的现实写照；"一谢共产党，
翻身把你想，以前我们做牛马，现在人人把家当；二谢共产党，吃饭把
你想，以前忍饥又挨饿，现在温饱奔小康……"《十谢共产党》的歌谣
则是群众发自内心的吟唱。田家沟的文化广场有一面长长的文化墙，上
面是一组生动的壁画，栩栩如生地描绘了田家沟村民从传统农耕到依

托茶业致富，从肩挑背驮到骑自行车再到轿车进农家的发展历程。湄潭县现在主要有几个方面的产业，一是茶文化，现在湄潭全县茶树种植面积达到60万亩，是贵州茶业第一县；二是红色文化，当年红军长征遵义会议期间是红九军团的驻扎地；三是浙江大学在抗日战争期间，曾经在湄潭教学7年时间，培养了大量学者和科学家；四是新农村建设示范区，并且得到中宣部的认可。沿着田家沟的茶园绕行，竹林掩映，荷塘倒影，新修的茶园栈道拾级而上。湄潭兴隆镇有4.1万人口，茶叶面积6.3万亩，达到户均8.5亩，人均1.7亩，2015年在茶叶方面的收入已经达到人均7 500元，人均纯收入11 070元，茶叶的收入达到人均收入的2/3。除了种植茶叶，如今在乡村旅游和新农村建设方面也取得大力突破。远远望去，茶园里新铺设了栈道和观光平台，按照茶旅一体化打造，把茶园变公园、茶区变成景区的要求，完善景区基础设施，在5万多亩茶园里修建了80公里的木栈道，25个观光凉亭和5处观光平台，还

■ 湄潭兴隆镇景色

有制作茶叶体验区以及40公里的自行车道，建设了机动车的主干道。按照旅游的吃住行、游购旅基础要素提升旅游业态，现在兴隆镇田家沟已经获得2015年ＡＡＡＡ级体验区。随着高速公路网的完善，贵阳、重庆、长沙的一些自驾游客也慕名前来，游客可以带着家人采茶、手工制茶，让城里人感受一下农事活动。

这里有绿茶为主的湄潭翠芽，红茶为主的遵义红，贵州省委省政府提出的"三绿一红"，湄潭县就占据了半壁江山。

4. 贵州都匀毛尖茶与优秀旅游城市——都匀

都匀市位于贵州省南部，属亚热带湿润季风气候，四季分明，冬无严寒，夏无酷暑，降雨充沛，雨热同季，立体气候明显，为国内少见的冬日温煦、夏季清凉的旅游度假型气候。都匀市为多民族聚居地区，有汉族、布依族、苗族、水族、侗族等31个民族，其中少数民族占总人口的

■ 都匀茶山

68.5%。2001年10月，都匀荣获"中国优秀旅游城市"称号。都匀毛尖是中国十大名茶之一，又名"白毛尖"，自古以来就有"北有仁怀茅台酒，南有都匀毛尖茶"的说法。都匀人的生活因为茶而休闲，在剑江河边、在古老的石板街上，处处可见卖毛尖茶的茶馆和茶叶店，喝茶成为当地人平常的生活和外地游客的特色旅游项目。到都匀旅游，当地人请你在河边小茶馆喝茶，令你真正领略都匀的茶文化之旅。位于都匀市广惠路上的石板街，至今已2 000多年的历史，作为都匀为数不多的历史遗迹，石板街生动地记录了在都匀这片热土上各民族统一融合的历史。螺蛳壳因山形酷似巨大的螺蛳而得名。螺蛳壳峰峦叠嶂，峡谷纵横，有原始森林，高山草原神似"天苍苍、野茫茫"的塞外风光。螺蛳壳还是都匀毛尖茶产地，行走在山中，路边那些不起眼的矮小灌木就是著名的茶树。近年来，都匀市毛尖镇螺蛳壳按照茶旅结合的山地旅游胜地定位进行建设和改造，力争用几年时间把毛尖镇螺蛳壳打造成为茶旅结合的山地旅游胜地。

5. 安化黑茶之乡

安化是千两茶的诞生地，被誉为"中国黑茶的故乡"。据唐杨晔的《膳夫经手录》（856年问世）记载，安化黑茶"渠江薄片"在唐、宋、元、明、清历代均为贡品。《明史·食货志》记载，"万历十三年（1585年），中茶易马，惟汉中保宁，而湖南产茶，其值贱，商人率越境私贩……汉茶味甘而薄，湖（南）茶味苦，于酥酪为宜，亦利番也"。可见当时西北茶商多越境至湖南私运黑茶边销，湘茶与汉（湖北）茶相比，更受西北番人（少数民族）喜爱。进入清代，安化黑茶步入又一个兴盛期。道光年间（1820年前），安化西州制作第一支花卷茶（即百两茶）。而后的同治年间，晋商与边江刘氏踩茶师合作探索，又改百两花卷茶为千两茶。光绪年间，黑茶年产量为7 000～7 500吨。如今，"千

■ 安化千两茶

两茶"古老而独特的生产工艺已被批准列入国家级非物质文化遗产名录。黑茶具有明显的降脂、减肥、暖胃等多种保健作用也逐步得以阐明，其"陈醇甘香"等品质特性也得到越来越多消费者的认同。黑茶的神奇令中外人士惊叹，称其为"古丝绸之路上的神秘之茶"。以安化千两茶、茯砖茶为代表的湖南黑茶更是备受国内外消费者推崇和喜爱，尤以韩国、日本及东南亚国家为盛。

安化是湘中地区的旅游胜地，这里山清水秀，云蒸霞蔚，风光旖旎，森林覆盖率达74%。境内自然景观和人文景观极为丰富：拥有雪峰湖地质公园、湖南"红宝石"柘溪水电站、世界最久远的冰碛岩、中国第一长度鹅管钟乳石、六步溪原始次森林、亚洲最大的溶洞群龙泉洞等自然景观；拥有清代陶澍墓、清代木孔土塔、清代梅城文庙武庙、商周梅城栀子湾遗址、清代洞市乡永锡桥、清代小淹御书涯等34处古迹。安化还是荆楚文化的重要支流——梅山文化的发源地，是华夏两大始祖之一蚩尤的成长地……安化宛如资江水畔的明珠，其天然清新的风貌、深厚古朴的人文特色展示着无穷魅力，特色旅游开发潜力巨大。安化茶树品种资源丰富，是湖南省茶树品种资源库之一，其中云台山大叶茶种是国家首批确定的21个优良茶树品种之一。

6. 凤凰单丛茶"一树一香"的特色

凤凰单丛属乌龙茶类，产于广东省潮州市凤凰镇乌岽山茶区。该区濒临南海，气候温暖，雨水充足，茶树均生长于海拔1 000米以上的山区，终年云雾弥漫，空气湿润，昼夜温差大，年均气温在20℃左右，年降水量1 800毫米左右，土壤肥沃深厚，含有丰富的有机物质和多种微量元素，有利于茶树的发育与形成茶多酚和芳香物质。凤凰山茶农，富有选种种植经验，现在尚存的3 000余株单丛大茶树，树龄均在百年以上，性状奇特，品质优良，单株高大如榕，每株年产干茶10余千克。凤凰单丛茶吸引人之处，就是它个性鲜明、千姿百媚、香韵独特，喝茶的人常惊奇自然造化的不凡。凤凰单丛茶具有"一树一香"的特性。凤凰单丛茶现有80多个品系，有以香气命名的，如蜜兰香、黄栀香、芝兰

■ 凤凰单丛茶树

香、桂花香、玉兰香、肉桂香、杏仁香、柚花香、夜来香、姜花香十大香型，此外还有以产地、茶主及历史故事、传说等命名的。凤凰单丛茶之所以能有如此特性，最关键的就在于古茶树：每棵树都有自己独特的风格，凤凰单丛古茶树资源是我国特有的珍稀茶树资源。凤凰单丛茶独特品质形成与其生长的生态环境条件极为密切，不仅与季节、气候、温湿度、水资源质量有关，还与海拔高度、土壤条件等因素密切相关。凤凰区内植被多样化，山清水秀，绿化率达到96.4%，森林覆盖率为85.1%，强大的绿色后盾，有效地保持水土，涵养水源，调节气候，净化空气，是保持凤凰山自然生态平衡的地基石。该地茶农在数百年的实践中，采取和创立了"单株采摘，单株制作"的独特生产模式，并代代注重生态保护，使得海拔600～1 200米的高山资源物种，仍基本保持古老茶园历史原貌，凤凰古茶树也被专家誉为"中国之国宝，是世界罕见的优稀茶树资源"。潮安区将从2020年开始加快对凤凰山中国古茶树公园、潮州市10万亩标准化生态凤凰单丛茶园等重大发展项目的建设。通过加大力度保护、发掘和利用好凤凰单丛古茶树种质资源，加强母树园建设，积极发展茶叶产业以及特色茶文化观光旅游业，推动凤凰镇和潮安北部山区的绿色发展迈向更高水平。

7. 梧州六堡茶乡之旅

六堡茶属黑茶，产于广西梧州市，选用苍梧县群体种、广西大中叶种及其分离、选育的品种、品系茶树鲜叶为原料加工而成，其茶叶品质特征为"红、浓、陈、醇"。历史上，六堡茶产区有恭州村、黑石村、罗笛村、蚕村、唐平村、四柳村，不依村等，以恭州村茶及黑石村茶品质最佳。六堡茶在清嘉庆年间，以特殊的槟榔香味被列为全国名茶之一，享誉海内外。如今除六堡外，苍梧县的五堡乡狮寨，相邻的贺县沙

六堡镇唐平村梯田

田，以及岑溪、横县等20多个县市均产六堡茶。2011年，国家质量监督检验检疫总局根据《地理标志产品保护规定》批准梧州六堡茶实施地理标志产品保护，六堡茶"国家地理标志保护产品"知识产权永久属于梧州市人民政府所有，并对六堡茶的地理唯一属性及行业标准作了科学解释和规定。

梧州有2 100多年的历史，是岭南古都，是广西的东大门，属亚热带季风气候区，是以汉族为主的多民族聚居地区。虞舜时代（公元前2255—公元前2207年），全国划为12州，梧州属"荆州南境"之地。夏商周时代（公元前2000—公元前256年），梧州属百越地。周安王十五年（楚悼王十五年，公元前387年），梧州属楚。秦统一六国后，兵临五岭，挥师南下，开凿灵渠，进军岭南。秦始皇三十三年（公元前214年），置桂林、象、南海3郡，梧州市属桂林郡（一说南海郡）。至民国时，梧州市先后属广西苍梧道、梧州区。梧州市是中国优秀旅游城市，旅游资源丰富多彩。自宋代起梧州就形成了著名的梧州八景：桂江春泛、云岭晴岚、龙洲砥峙、鹤岗返照、金牛仙渡、鳄池漾月、火山夕焰、冰井泉香。梧州全市现有国家级重点文物保护单位3处（李济深故居、太平天国永安活动旧址、梧州中山纪念堂）、自治区级重点文物保护单位8处（中共梧州地委旧址、中共广西特委旧址、岑溪邓公庙等）、自治区级风景名胜区2处（白云山、太平狮山），以及市级旅游景点和文物保护单位一批。梧州市的鸳鸯江风光、黑叶猴人工繁殖中心、蛇园、太平天国封王建制遗址等都是著名的旅游资源。

三、古茶树、古迹与公园型

1. 云南古茶树、古茶园

2005年3月，在云南省召开的古茶山国际研讨会上通过的《云南省古茶树保护条例》建议稿指出：古茶树是指分布于天然林中的野生古茶树及其群落，半驯化的人工栽培的野生茶树和人工栽培的百年以上的古茶园（林）。据统计，全世界的山茶科植物共23属，计380余种，而我国就有15属260种，其中大部分布在西南。云南现存有野生型、过渡型、栽培型千年以上古茶树30余棵，占全国的40%以上，100亩以上连片古茶园面积达20余万亩。有古茶树王国之称的云南所拥有的野生型、过渡型和栽培型古茶树、古茶园，在中国和世界具有唯一性，是重要的自然遗产和文化遗产，具有很高的科学价值、文化价值和经济价值。

茶起源于中国。自1824年印度阿萨姆发现有野生茶树后，国际学术界曾产生过茶树原产地之争议，主流观点认为，有无野生茶树是确定茶树原产地的重要依据，但不是唯一依据，应当把野生茶树的存在、发现和利用综合起来分析才能确定。中国是最早发现和利用茶的国家，这已为大量的史实所证明，而实物依据在当时却成了一个争议的问题。随后大量的事实证明，我国有10个省（自治区）198处有野生大茶树，最有说服力的就是云南古茶树群的发现。1993年4月，在云南思茅举办的第一届中国普洱茶叶节期间召开了"中国古茶树遗产保护研讨会"，9个国家和地区的181位自然科学和社会科学界的专家学者对古茶树、古茶园，特别是对澜沧邦崴古茶树进行了多学科的研究，根据生物进化和遗传与变异

■ 澜沧邦崴过渡型古茶树开采现场

的理论。通过对茶树的分析研究，专家们认为，古茶树分为野生型、过渡型和栽培型，其中过渡型是较进化的野生型和较原始的栽培型的综合。澜沧邦崴古茶树的发现和研究及其前后发现的勐海巴达野生型古茶树、镇源千家寨古茶树群、勐海南糯山栽培型古茶树、澜沧景迈山古茶园，构成了一个野生型、过渡型和栽培型的完整的茶树起源利用的体系。云南现已发现的古茶树、古茶园是研究茶树起源和利用的活化石，是证明茶树原产地在中国，中心在云南的实物依据。云南省普洱茶古六大茶山，因茶而兴盛，以贡茶享誉京城，于是人们把茶当作"衣食父

母"，举行茶王祭祀活动。茶崇拜是一种文化现象，也是中华古茶文化的一大特色，它对开展云南省茶文化旅游有重要的价值。

2. 黔西南布依族苗族自治州晴隆县"茶籽化石"发现

贵州高原曾被古生物专家称为"化石王国"。1980年7月13日发现了迄今为止世界上唯一的茶籽化石。茶籽化石的出现，奠定了贵州是茶树起源、茶树原产地最有说服力的实物佐证。茶籽化石的发现者——晴隆县农业局茶专业技术人员卢其明讲述了他的发现之旅："1980年7月，那次上山是想看一看有没有落地的茶树种子。当时一看到这个化石，我就断定一定是茶的化石，心中非常高兴、激动"。后来经过贵州省茶叶研究所的鉴定，这块茶籽化石是"距今100万年的新生代第三纪四球茶茶籽化石"。由此推测，早在100万年前，晴隆就是野生茶树的生长之

■ 茶籽化石的发现者卢其明老人

地。茶籽化石的发现不仅是科学研究上的意义，晴隆产出的优良茶中，不少都是这块茶籽化石"兄弟姐妹"的后代。而茶产业在晴隆经济发展中有着举足轻重的地位，晴隆县茶叶面积从过去的两三万亩发展到现在已经将近23万亩，涉及农户几十万人，产值达到了9 000多万元，占到农民收入的17% ~ 18%。茶籽化石的发现，对于晴隆茶的品牌建设有着更新、更深的意义。为做大做强茶叶产业，晴隆县紧紧抓住被列为贵州省第一批20个重点产茶县和全国100个重点产茶县的机遇，先后出台和制定了一系列茶叶产业发展优惠政策，鼓励广大群众发展茶叶产业，走生态产业致富之路。近年来，晴隆县紧紧围绕"晴山千峰翠，隆地万物华"为主题的县域外宣形象，倾力打造以"茶籽化石"为灵魂的茶文化名片，强力宣传推介生态、旅游、文化等特色优势资源，树立晴隆对外新形象，着力提高晴隆的知名度和美誉度。

3. 泾阳茯茶丝路文化之旅

泾阳茯茶产生于宋代。明清至民国时期，随着商品生产和商业贸易进一步扩大，过泾阳茶叶量随之增大，茶商为了方便运输，把最初的散茶制成茶砖，因而泾阳茯茶也称"泾阳茯砖茶"，就在这一时期，茯砖茶盛极一时。数百年来与粮、奶、肉一起，成为西北地区少数民族生活的必需品。

在茯砖茶漫长的集散、加工、制作岁月中，茶商在不经意间发现加工的茶中长出了"金花"。"金花"使茶叶的口感、功效明显改善，这让茯茶拥有了独特的风格，被人们称为"生命之茶"。历史上茯砖茶中的"金花"在其他地方长不出来，唯独在泾阳生长。这是为什么？在中国茶文化历史上，对于茯茶的制作素有"离了泾河水不能制，离了关中气候不能制，离了陕西人技术不能制"的"三不能制"之说。富有智慧的泾阳人，集天时地利人和于一身，逐渐摸索出一套独特的传统茶叶加工

■ 茯砖茶的经销路线

方法，"丝路神茶"自此诞生。然而，由于种种原因，茯茶的辉煌史于1958年中止。如今，咸阳市政府抓住了"一带一路"倡议这一机遇，为茯茶产业精心打造了发展规划，计划利用5年时间将咸阳建设成为西北地区茯茶加工贸易中心，使泾阳茯茶迎来新的春天。数百年来，茯砖茶以其独特、不可替代的作用和功效与奶、肉并列，成为西北地区各族人民的生活必需品，也是少数民族群众探亲访友、过年过节相互馈赠的首选礼品，被誉为"中国古丝路上神秘之茶""西北少数民族生命之茶"。目前，茯砖茶畅销国内外市场，主要出口到俄罗斯、蒙古、日本、韩国，还出口到中东、欧洲、美洲等国家和地区。

4. 大唐贡茶院（顾渚贡茶院）

大唐贡茶院坐落在位于浙江长兴县水口乡辖区内太湖之滨的顾渚山。据史料记载和专家考证，早在1200多年前，陆羽就来到顾渚山，独行野中、野饭石泉、杖击林木、手弄流水、夷犹徘徊，自曙达暮；采紫茗、记茶事、撰《茶经》。经陆羽命名并亲自研制，将顾渚山紫笋茶推荐给皇帝做贡茶，于是我国历史上出现了贡茶院——第一座皇家茶厂。关于顾渚山紫笋茶，陆羽在《茶经》中有这样的记载：茶的产地，"浙西：以湖州上，湖州生长城（今长兴）县顾渚山谷，……""阳崖阴林，紫者上，绿者次；笋者上，牙者次；……"陆羽在顾渚山考察茶事时还记述了《顾渚山记》二篇。

■ 长兴顾渚山贡茶院

　　顾渚山贡茶院在唐代规模之大、贡额之高、影响之广，在我国贡茶史上是空前的。在唐代一个县为焙制贡茶竟征调三万余人、焙百余所，诸乡茶芽，置焙于顾渚，可见当时的制茶场景是多么雄奇壮观。

　　自唐大历五年（770年）始，直至清代紫笋茶仍有贡额，贡茶历史长达876年。其间：贞元十七年（801年）为刺史李词扩建；大中八年（854年），刺史郑颙"奉敕重修贡茶院"；明洪武六年（1373年），长兴知县萧洵，招寺僧重修贡茶院，将《顾渚采茶记》题于寺壁；宋代，先贡后罢再贡；元代，改贡茶院为磨茶院；明代，续贡量减。世事沧桑，院寺几经兴衰。20世纪30年代末，寺院匾额犹存，后遭火焚毁，仅留遗址三进。

　　另据史料记载，唐代在贡茶院侧，还分别建有清风楼、忘归亭、枕流亭、息躬亭、木瓜堂等建筑。在金沙泉旁建有金沙亭，在长宜茶山分界处建有境会亭。宋、元、明时也重修、新建了一些建筑；然几经烽烟、岁月沧桑，俱废。此外，史书还记载，陆羽、陆龟蒙和明代姚绍宪（题许次纾《茶疏》序）在顾渚山都置有茶园。大唐贡茶院采用院寺合一的独特组织方式。摩崖石刻是唐贡茶史的活证人，顾渚山一带保留了唐宋许多贡茶摩崖石刻。古代紫笋茶诗（文）是中华茶文化苑中一朵绚丽的奇葩。明萧洵《顾渚采茶记》载："刘禹锡诗有云：何处人间似仙境，春山携妓采茶时。杜牧之云：谁知病太守，犹得作茶仙。颜真卿、白居易、皮日休、郑谷辈，逮宋苏轼诸贤，履舄所至，题咏尤为烂漫，流风余韵，皆可想见。"紫笋古茶诗（文），大都以歌咏贡茶院为主题，在叙事、状物和写影的抒情之中，翔实地反映古代顾渚山的茶坞、茶人、茶舍、茶园、茶具、茶艺、茶制以及茶礼、茶俗、茶情和茶趣等。顾渚山的茶（泉）诗在我国古代诗中占有相当大的比重，如皎然《九日与陆处士饮茶》，白居易《夜闻贾常州、崔湖州茶山境会亭欢宴》，杜牧《入茶山下题水口草市绝句》，张文规《湖州贡焙新茶》等，已成为千古传诵的茶诗名篇。

现在的大唐贡茶院，是在古遗址旁重建的。设计师们根据史料记载，认真吸收茶文化专家的意见，在充分尊重历史事实的基础上进行规划设计，整体建筑基本再现了历史的原貌。重建的大唐贡茶院占地面积100余亩，总建筑面积18 000平方米。主要包括吉祥寺大殿、陆羽阁、东西阁廊、东西茶亭、左右茶楼和茶宴厅等。整个建筑群顺山势而建，气势恢宏；全木仿唐建筑结构，新建如旧；院寺内殿柱栏槛古朴高雅，楼台阁檐雄伟壮观；为今天的人们再现了一座融入大自然山水之中、历尽岁月沧桑的千年古院寺。

5."砖茶之乡"羊楼洞

"砖茶之乡"羊楼洞，位于湖北赤壁市区西南26公里的羊楼洞镇，为湘鄂交界要冲，明清之际系蒲圻（今赤壁市）6大古镇之一。中华人民共和国成立后，羊楼洞曾是全国三大万亩茶园之一，建著名的赵李桥砖茶厂。羊楼洞产茶制茶的历史久远，可追溯到唐宋时期。1 000多年前的唐代，羊楼洞周围出产一种松峰茶，享誉鄂湘赣一带，加工的茶叶经由大唐安西都护府翠叶城(今吉尔吉斯斯坦境内)销往西亚和欧洲。汉代王昭君是湖北人，据说她奉旨出塞时，随身曾带去了湖北的茶叶作为礼物，深受蒙古族人的欢迎，吃茶品茗在草原渐成风俗，宋代也一度以砖茶作

■ 羊楼洞镇口树立的标有"欧亚万里茶道源头"的石碑

为通货与蒙古族进行茶马交易，后来羊楼洞渐渐成为一条唐宋时期的茶马古道。19世纪到20世纪初，羊楼洞更是成为中俄茶叶国际商道的起点，经此茶马古道，砖茶从羊楼洞由独轮车运抵新店装船，出大江运至汉口，溯汉水至襄阳，然后舍舟登陆，改用畜驮车运，经河南洛阳过黄河，再经山西大同到张家口或晋北的杀虎口入内蒙古，穿越草原荒漠，最后进入俄罗斯各地，那时若提起汉口羊楼洞，可谓闻名遐迩。极盛时有茶庄200余家，人口近4万。清道光年间，英、德、日、俄等国商人竞相在此办厂制茶，国内的晋、津、沪茶商也都蜂拥而至，一时间这里成为驰名中外的茶市。羊楼洞砖茶销往边疆和海外的砖茶，有川字牌、火车头牌，羊楼洞曾被誉称"小汉口"。古诗："羊楼古巷青石幽，洞庄百年木楼秋，千载修得茶香绕，观音泉韵洗风流。"便是描写羊楼洞著

名的观音泉与洞庄砖茶史。羊楼洞古镇在中国茶业发展历史上扮演着极其重要的角色。300年前，万里茶路沿途的国家把羊楼洞作为对中国茶的理解。这片面积不足0.7平方公里的土地，汇集了来自俄国、德国、英国、日本等各个国家的精英商贾，行成了一个人口逾4万的"中国大茶市"。羊楼洞是中国制茶业发展的历史缩影，现已被列为湖北省重点文物保护单位，被住房和城乡建设部和国家文物局授予"中国历史文化名村"。

6.陆羽故园

陆羽故园，原名"西湖公园""陆羽公园"，坐落于茶圣陆羽故里——湖北省天门市中心城区，依陆羽出生地西湖而建，是一座以"茶文化"为主题、按唐代风格建造的开放式纪念公园。陆羽故园是天门茶文化创意产业园"两湖一带"的重要组成部分，其所环抱的西湖作为天门市"河湖连通"工程的组成部分，与天门河、前壕、后壕、东湖共同构成了天门市环城水系。

■ 陆羽故园景色

陆羽故园位于湖北省天门市风景如画的西湖之滨，南接人民大道，东邻西寺路，西临西湖路，北靠陆羽大道。总面积43.1公顷，其中，水面28公顷，陆地15.1公顷，是按杭州西湖、扬州瘦西湖的造园手法规划设计的。园内有湖、湖中有岛、岛中有塘、塘中有亭，岛中有山、山中有林。共计两岛（西枫林岛、玉兰岛）、三塘（青塘、月塘、荷塘）、三山（东冈、饶山、虎山）、三堤（洪堤、鸿渐堤、惠堤）、三楼（陆羽楼、品茶楼、鸿门楼）、三室（新开山舍、青塘别墅、暗香阁）、两门（天才门、静松门）、四亭（陆子亭、得月亭、太极亭、倚风亭）。园内美景如画，是天门市著名的风景名胜区。公园内还有陆羽纪念馆、陆羽雕像等景点，有娱乐中心、垂钓中心、购物中心等休闲场所，使游客在游中乐、在乐中游，美不胜收。

7. 四川成都茶店子公园

四川成都始于先秦的饮茶习俗，是古蜀文化的重要内容之一。成都被誉为"泡在茶缸里的城市"，坊间也有"无茶不成都"的说法。古

■ 茶店子公园中以"茶马古道"为历史背景的雕塑群

时的茶店子，四野荒凉，有刘姓人家在此搭棚卖茶，后人称茶棚子为茶店子。据《成都县志》所载，茶店子地名至今已有120余年。公园选用"茶文化"作为设计主题，一方面倡导积极健康的休闲理念，宣传"知识守慢、张弛有度"的成都生活方式，打造成都休闲文化、深化"西部休闲之都"的城市形象；另一方面，让在此游憩的人们深入了解成都茶文化历史，从"茶"中获得感悟和精神"纯化"。公园以"茶文化"为立足点，将古代文人墨客的七宠——"琴棋书画诗酒茶"作为景观节点贯穿于公园设计之中，让游客感受中国古老文化的魅力，体会品质休闲生活的经典。

四、博物馆（院、园）型

1. 中国茶叶博物馆

中国茶叶博物馆位于浙江省杭州市西湖茶乡龙井村南高峰下，占地约3.7公顷，是以茶和茶文化为主题的国家级博物馆。博物馆的主体由几组错落有致的建筑组成，四周茶园簇拥，以花廊、曲径、假山、池沼、水榭等相勾连，富有江南园林的独特韵味和淳朴清新、回归自然的田园风光。陈列大楼设茶史、茶萃、茶事、茶具、茶俗5个展厅，分别为"茶的历史""饮茶风俗""茶具艺术""名茶荟萃""茶健康"五个专题。细致形象地反映了我国源远流长、丰富多彩的茶文化和中国几千年茶叶文明的历史轨迹。风味茶楼又称"研露漱香庐"，内设6个不同的茶室，供参观者休息品茗。近年来，中国茶叶博物馆又新辟可供游人参与的田间采茶、作坊制茶，以及品茶、斗茶、购茶等丰富多彩的内容。

中国茶叶博物馆不仅是我国茶史文物的收藏陈列馆，同时也是一个研究茶文化和进行学术交流的中心。馆内设有国际茶文化交流馆和学术交流演讲厅，为国内外的茶文化交流提供了广阔的舞台。

2. 天福茶博物院

天福茶博物院位于福建省漳州市漳浦324国道旁，占地80亩，建于2000年初，2002年1月建成开院。2003年荣获国家AAAA级旅游景区，2005年成为首批全国农业旅游示范点。这是天福集团继1993年创办"天福茶庄"之后又一重大创举。景区内有5幢主建筑物：①主展馆：以生动的模型、灯箱及图片展示中国云南野生大茶树群落、中华茶文化、世界各国茶情及茶文化、民族饮茶风情、现代茶艺、茶与诗、茶

■ 天福茶博物院景色

与书画、茶与健康及茶业科技等；附设天福史馆展示天福集团的发展历程。②茶道教室：一楼设有茶艺表演厅和溢香轩、品茗阁等环境优雅的品茗场所，兼作茶道教学；二楼为设施先进的国际会议厅。③日本茶道馆(福慧庵)：日本式庭院及茶室，设有精亭(四叠半)、俭亭（八叠）、敬亭（立礼席），分别代表三个不同时代风格的日本茶室。④韩国茶礼馆：按照韩国传统茶室的建筑风格，采用原杉木构建而成。⑤书画馆：一楼有典藏书画厅，展示本馆收藏字画，活动展厅不定期举办个人或主题书画展；二楼设联谊厅，不定期举办笔会及现场挥毫；附设奇石斋，展售各种奇石、雕刻等工艺品。博物院内还有薪火相传、茗风石刻、明湖垂影、茂林修竹、唐山瀑布、武人茶苑、兰亭曲水、天宫赐福八大景观。景区布置典雅别致，清新秀丽，是一个集学术研究、文化传承、教育娱乐为一体的综合景点，使参观者能在娱乐中获得茶学知识，认识茶叶，了解茶艺及传承茶文化。

3. 昆明世博园茶园

昆明世界园艺博览园（简称世博园）是1999年昆明世界园艺博览会会址，设在昆明东北郊的金殿风景区，距昆明市区约4公里。世博园占地面积约218公顷，植被覆盖率达76.7%，其中有120公顷灌木茂密的缓坡，水面占10%～15%。园区整体规划依山就势，集全国各省（自治区、直辖市）地方特色和95个国家风格的园林园艺品，庭院建筑和科技成就于一园，体现了"人与自然，和谐发展"的时代主题，是一个具有"云南特色、中国气派、世界一流"的园林园艺品大观园。世博园里还有茶园这一园艺展览。

茶园位于世博园中部主游路与二号路之间的坡地，茶园与断崖景观隔水相望，占地面积11 000平方米。因其位于两条主游路之间，加之地势较高，在展示茶文化特点的同时也成为游人驻足品茗观景的好去处。茶园西北侧开辟"精品园"集中展示中外茶树精品。茶园的建筑主要有茶文化展厅、茶艺表演室、品茗馆等。

（1）茶文化展厅　展示内容包括茶的起源和发展、茶与文化、茶与民族团结、茶与人类健康、茶的综合利用。

（2）茶艺表演、品茗馆　经专门培训的茶艺表演队向游客展示丰富生动的茶艺表演，同时编排了几套易掌握、有特色的冲泡方式，让游人与表演者一起边观、边学、边做、边品。或选取几套不同种类的茶样或茶具，以"自助茶"形式，让游人根据自己的喜爱自行选取冲泡品饮，将人们引入一个雅俗共赏的品茗世界。品茗馆还配有电视录放及音响系统，在品茗时，可放映与茶有关的录像，或放送一些典雅

■ 昆明世博园茶园景色

音乐，如古典音乐、轻音乐或古筝演奏等，以充分体现茶文化与众不同的文化氛围。

社会发展到今天，人们所追求和珍视的，除了物质利益和感情生活，还应有人与自然的和谐相处。让自然存在的茶山、茶树、茶园和人类文明开发的茶建筑、茶景点在我们这个蔚蓝色的星球上长久地拥有自己的位置。把茶的美用各种形式来展示出来，得到更多人的关注与保护。

第八章

宗教文化型茶文化旅游

一、佛教与茶文化旅游

1.武夷山天心永乐禅寺

武夷山是世界文化与自然双遗产地，著名景点比比皆是，如武夷精舍、五夫朱子讲学地、武夷宫、止止庵、古汉城遗址、桐木关、天游峰、九曲溪、水帘洞、大红袍景区、三坑两涧、下梅晋商万里茶路起点等。禅修如天心永乐禅寺，以及瑞岩寺、白云禅寺、慧苑寺、天成禅院、妙莲寺等，都是宗教旅游胜地，因而武夷山的禅茶文化非常兴盛。

武夷山的茶千百年来萌发着嫩绿的枝芽头，向墨客俗人彰显武夷僧侣寺庙的佛教文化，如今武夷山的文化旅游以茶为媒，以茶论佛，以茶载艺，生机勃勃。武夷山名僧释超全于《武夷茶歌》中开宗明义地指出，建州，相传老人初献茶，死为山神享庙祀，老人指的是武夷君。宋代文学家范仲淹也说："溪边奇茗冠天下，武夷仙人从古栽。"说明武夷茶自古与神佛之间有着密切的关系。

武夷山天心永乐禅寺建有弥勒殿、天王殿、大雄宝殿、观音殿、法堂、库房、斋堂、禅堂、客堂、香客楼等，两侧建有三层重楼的钟楼、鼓楼和偏殿。武夷山天心永乐禅寺独特的禅茶文化因历史悠久的"大红袍"而源远流长。天心永乐禅寺建于唐德宗贞元年间，距今已有1 200

多年历史。建寺之初寺名为"山心永乐庵"。佛家建寺寻址大多选择在名山大川中特别幽静之处，天心永乐禅寺也是如此。初叫"山心"，就是因为寺庙所在之处是武夷山核心区域。传说中被誉为武夷岩茶4大名丛中的"大红袍"和"水金龟"都源自天心永乐禅寺。明永乐十七年（1417年），明成祖朱棣赐封寺院禅茶为"大红袍"，并传旨天心寺"精耕勤灌，嫩摘细制，世代相传，岁贡入京"。

茶与禅源远流长，"高山云雾出好茶"是茶叶生长的自然环境背景，而"自古名山僧占多"是茶叶生长的人文背景，佛家寺庙常常建在远离世俗的秀美名山中，这恰好造就了佛教与茶的不解之缘。佛教坐禅饮茶不仅使饮茶之风盛行，同时也推动了茶叶种植的普及。从汉代开始，为方便修行、日常饮用和待客，佛家开始在寺院周围种植茶叶。史料记载，那著名的"大红袍"原来是天心永乐禅寺的庙产，1949年之后被国家收回，成为国家财产。传说明永乐十七年（1419年），大将胡濙奉明成祖之命抵达武夷山，借寻访张三丰之名寻找建文帝的踪迹，而在天心寺，胡濙被寺里的茶香所吸引，驻留了一个多月，回京后将天心禅茶进贡皇帝。品了天心禅茶后，明成祖十分欣喜，于是正式诏封天心禅茶为"大红袍"，同时敕封天心寺为"天心永乐禅寺"。从此，茶由寺出，寺以茶荣。佛寺的僧侣改良制茶技艺，创造出了很多历史名茶。宋元以来，福建武夷山所产的武夷岩茶，以武夷山寺僧制作的为最佳。武夷山自然条件优越，适合茶树生长发育，水热资源适宜茶树生长。丘陵地带较多，坡度适宜，提供了发展茶叶生产的有利条件。土壤系酸性红壤、黄壤等，土壤矿化作用较强，土壤发育剖面良好，土层深厚。武夷山的小种红茶是世界红茶鼻祖，武夷山也是乌龙茶的原产地。武夷山茶区为乌龙茶的诞生发展，以及向广东、台湾传播作出了卓越的贡献。

武夷山市政府立足本地历史名茶，把茶业作为当地支柱产业的基础，将茶文化作为地方特色旅游资源加以开发，兴建红袍街，开辟"大红袍"旅游主题路线，建设《印象大红袍》实景演出，近年来不断夯实茶文化旅游产品，打造紧随时代发展的旅游城市形象。2010年，武夷山市斥资亿元，推出《印象大红袍》实景演出，把悠远厚重的茶文化内涵用艺术形式予以再现。旋转的看台，水上的表演，加上自然山峰的大背景，使《印象大红袍》成为武夷山市最成功的茶文化旅游品牌。

武夷山的佛教茶文化旅游以"茶禅一味"为本质内涵和重要主题。茶禅一味使僧人的"吃茶去"成为顿悟之机锋。天心永乐禅寺的石头草坪上映入眼帘的就是一句偈语："千言与万语，不如吃茶去"。1990年10月，中国佛教协会会长、当代著名佛教界诗人赵朴初先生以84岁高龄游览武夷山，他对武夷岩茶赞颂有加，题诗二首。在《御茶园饮茶》一诗中写道："七碗受至味，一壶得真趣。空持百年偈，不如吃茶去。""吃茶去"公案是禅宗有名的茶禅公案。据《广群芳谱》记载，唐代赵州(今河北省赵县)观音寺常住一位高僧从谂禅师，人称"赵州古佛"。有僧到赵州从谂禅师处。师问："新近曾到此间否？"曰："曾到。"师曰："吃茶去。"又问僧，僧曰："不曾到。"师曰："吃茶去。"后院主问曰："为甚么曾到也云吃茶去，不曾到也云吃茶去？"师召院主，主应喏。师曰："吃茶去。"赵州禅师认为可以通过饮茶来顿悟，感悟本心佛性，可见茶与禅相近相通，由茶而悟，由此"吃茶去"成为禅林法语，"茶禅一味"由此而来。

"吃茶去"道出了"茶禅一味"的内在本质，即茶与禅宗在修行方式、观点上的一致性。

饮茶最符合佛教禅宗的修行方式，这是因为茶的保健功效是茶禅一味的物质基础。"大红袍"与僧侣的传说，恰好说明了茶的保健养生功效早已被武夷山的僧人认识利用。明洪武十八年（1385年），一位叫丁显的举子由闽江上溯进京赶考，在路上中暑，到天心寺休息，天心寺僧人见他被风寒侵袭，就将禅茶熬了一大碗给丁显喝下去，以茶入药，丁显发了一身大汗就痊愈了。丁显离开天心寺北上时发愿如果能够高中一定回来答谢天心寺，结果他真的考中了状元。为报佛恩，丁显以红袍披在了那几棵茶树上，于是才有了"大红袍"的名字。

僧人吃茶，是认识到茶本身的自然属性、养生保健功效契合于佛教禅宗顿悟的修行方式。僧侣坐禅时，"务于不寐，又不夕食"，须头正背直，不偏不倚，跏趺而坐，此等修行，考验僧侣的意志，于是他们常用吃茶来提神充饥，因为茶性贵"俭"，甘芳清爽，具有提神醒脑，消除疲劳，阻止瞌睡之功效，极有利于坐禅修行，又能抑制人的欲念，使修行者进入虚静的状态。同时又满足了佛教禁欲、禁酒、戒荤、吃素的要求，可见祛病养生、提神明目的保健疗效，是茶的自然属性，固然成为茶禅相通形成的物质基础。茶性平和冲淡，令人清心寡欲，尽去杂念，使人冷静清醒，有利于僧侣坐禅入静，坐禅悟道。故而茶有"三德"：一是坐禅可通夜不眠；二是满腹时能帮助消化；三是"不发"，能抑制各种欲望。故只有吃茶，僧人方可进入空色如一的顿悟之境。

茶之三德有助于僧侣之静坐静虑，达到虚空之禅境。"禅"字是梵文的音译，本意译为"静虑"，佛教修持的基础为"戒定慧三学"。"戒"指戒恶戒善，"慧"指破惑证真，而"定"指息缘静虑，禅宗以"静虑"来追求顿悟，为达到某一瞬间对佛法的领悟，便以静坐的方式排除杂念，专心于冥思。当年禅宗始祖菩提达摩来中国传播佛学，曾在嵩山少林寺面壁静坐九年，成为静虑的典范。禅宗为何要静坐，为何要破法执我执？静虑要求僧人坐禅时心无杂念，身心寂静，心体寂静地思考，目的是为了去掉这个世界运动纷乱的"假象"，顿悟要求就在这个"动"的普遍现象中去领悟，去达到那永恒不动的"静"的本体，去达到和接近佛性本体，体现了佛教"空"的思想，从"本来无一物"中观察、思考，从而进入佛我同一、物我两忘、宇宙与心灵融为一体的精神境界，即所谓的"禅意"。此"禅意"便是僧侣在坐禅静虑时进入的一种虚静的状态，禅宗要义说"外息诸缘，内心无端，心如墙壁，可以入道""菩提本无树，明镜亦非台，本来无一物，何处惹尘埃"，指不凝滞于任何事物，摒弃杂念，专思静虑，宁静平和，在一种绝对的虚静状态中，气虚神朗，进入禅的境界，顿悟成佛，由此达到空灵澄净、物我两忘的境界，也被称为禅的意境，或称为禅意和禅境。弘一法师（李叔同）解释道："不为外物所动之谓静，不为外物所实之谓虚。"所谓"静"即思想不为外物干扰，"虚"乃心灵不为名利欲望纠缠。"茶禅一味"道出了茶与禅宗二者相通之处在于这种空灵虚静的禅境的追求。天心永乐禅寺方丈释泽道法师在茶室吃茶论佛，其文《人生如茶空杯以对》曰："只有空的杯子才可以装水，只有空的房子才可以住人，只有空谷才可以传声……每一个容器的利用价值在于它的空。"显然，泽道法师在吃茶静虑中直指本心本性，体悟到了佛性本体，进入佛我同一、物我两忘的"空"之禅意境。天心永乐禅寺的僧人农禅并举，以禅茶广结善缘，注册了"无我"茶叶商标，便具有茶禅一味，静空无我的深意。

吃茶是平常行为，契合于禅宗的修行观念。彻底中国化的禅宗主张修行于日常生活之中，于"运水搬柴""饿死困睡"之中有般若妙道。抛弃禅定念经苦行修炼的方式，主张不要一切宗教教义与仪式，不必出家，不必自我牺牲，宣扬平常心是道，只在日常生活中保持一种超脱虚静的心灵境界即可成佛，佛性人人皆有，即心即佛，"真如"处处都在，禅客在大量的日常生活的偶然中，可瞬间且随时启悟而近"道"。此种"悟"并非故意做作，而是某种无意识的突然释放和升华，即"顿悟"，一切皆在自在无碍的境界中自然而然地见道，这种意境非常普通之极，平凡之至，却又自然而然，韵味深长，禅意盎然。如"蓦然回首，那人却在灯火阑珊处"，如在平常生活中见到，即可顿悟成佛。而茶正好迎合了禅宗的这种世俗精神，世俗生活中的茶契合于禅宗修行在日常生活中以"平常心"修行的方式。禅宗认为茶乃世俗中的平常物，再自然不过，但不可或缺，它是凡中却见奇，平中却见道，它是物却超越物，由此便可悟道见本心佛性，"吃茶去"便成为悟道之机锋。《武夷大观》中有《金佛茶》诗云："全佛俨如在，殿前响金钟。晨昏诵功课，千古茶一盅。"诗中可见白云庵慈觉和尚，幽居灵岩，供奉金佛，清茶一杯，焚香礼佛的寺院生活，也是古代武夷山寺里的僧侣"茶禅一味"的生活写照。天心永乐禅寺里静坐的方丈泽道法师钟爱"扣冰"茶，望文生义，这茶是纪念该寺历史上的名僧——扣冰古佛而命名的。"扣冰"之意在

■ 武夷山国际禅茶文化节

专思静虑而致的绝对虚静的空灵澄净的内心境界，以此僧人之号命为茶叶之名，"茶禅一味"之深意不言而喻。

"茶禅一味"已然成为武夷山举办海峡两岸茶博会的重要主题和内涵。武夷山每年举办禅茶文化节，组织游客到武夷山著名茶叶生产基地授武夷山禅茶加持的传统仪式，感悟真正的"茶禅一味"。中国（武夷山）国际禅茶文化节在天心永乐禅寺已经举办了几届。国际禅茶文化节由中国国际茶文化研究会、中国传统文化促进会、中华茶人联谊会、台湾茶协会、美国国际茶叶科学文化研究会、福建电视台等单位联合主办，由天心永乐禅寺、武夷山国际禅茶文化研究会承办，以"茶禅一味"的理念来引导人们了解茶与禅所共有的宁静欢乐，并以生动的形式传播中国传统文化的核心价值；在品茗论道之间，使茶文化得到更好的提升，并使大红袍的品牌更加为世人所瞩目。此外，配套的活动有禅茶文化节、国际户外茶席设计交流展示、传灯茗心茶会、大红袍母树祭茶祈福大典、大红袍祖庭茶祖殿落成开光、国际禅茶论坛、海峡两岸茶文化陆羽奖颁奖典礼等。

2.杭州径山寺

杭州人文古迹众多，西湖及其周边有大量的自然及人文景观遗迹，有西湖文化、良渚文化、丝绸文化、茶文化。径山位于杭州城西北50公里处。径山寺创建于唐代，它与杭州的灵隐寺、净慈寺，宁波的天童寺、育王寺，并称为"禅院五山"。径山寺主要文物有宋孝宗御碑、三尊铁佛、钟楼、永乐大钟、历代祖师名衔碑。

径山，系天目山脉东北峰，因径通天目而得名，总面积26.9平方公里。山东有唐代古刹，建于唐天宝元年(742年)。相传法钦和尚来此结茅传教，被赐封为"国一禅师"。至南宋，宋孝宗亲书"径山兴圣万寿禅寺"；嘉定年间又被列为江南"五山十刹"之首。鼎盛时，殿宇楼阁林立，僧众达3 000人，被誉为"东南第一大禅寺"。

径山茶自宋至清均被列为贡茶，现在也名列"浙江省十大名茶"之中。唐代茶圣陆羽对径山茶曾作过两次考察。据湖北陆羽研究会欧阳勋等有关专家、学者考证，唐上元元年(760年)，陆羽"南避胡尘"游抵余杭，初隐竺山，自称桑竺翁，著《茶记》一卷。不久，登径山，寓居双溪吴山。是年之秋迁吴兴。唐宝应二年(763年)春，他第二次到杭州考察茶事，在弄清钱塘产茶之地和茶叶质量的同时，饱览了杭州风光，写下了《天竺灵隐二寺记》，紧接着又登径山考察茶事，再次寓居双溪的将军山清泉左近，挹泉烹茶。因此，后人把这个清泉称作"兰翁泉""陆羽泉"，以示对陆羽的纪念。

佛门僧侣为了坐禅的需要，利用茶来提神、充饥，形成佛教茶事，茶礼、茶宴成为佛门日常活动中的重要礼仪。据《景德传灯录》载，日本有一传说，菩提达摩坐禅时打瞌睡，醒来及其懊悔，便撕下眼皮丢在地下，竟变为茶树，之后茶事成为佛门的重要活动之一，并列入佛门清规，形成一整套庄严的茶礼仪。佛教徒以茶资修行，单道开、怀信、法瑶开"茶禅一味"之先河。魏晋时期，佛寺僧侣已有以敬茶待客的礼仪，在《茶经》中就有昙济和尚以茶待客的记载。

径山寺的僧人在每年春季也要举行"径山茶宴"，与来访者围着炊具茶具，盘膝打坐，饮茶论经，以禅名茶，以茶助禅。天台山上的石梁方广寺，传说是五百罗汉出家之地，寺中有一种叫"石梁罗汉茶"的茶道，盛名不下于"径山茶宴"。"径山茶宴"和"石梁罗汉茶"这两种佛门茶道在中国都已经失传，但今天依然可以在"和、敬、清、寂"的日本茶道中看到它们的承传。径山茶初为供佛，后至请客。请客饮茶还有专门仪式和茶具，名曰"茶宴"。据传，"茶宴"的专门仪式是：献茶、

■ 径山茶宴

闻香、观色、尝味、论茶、交谈。具体做法是：上宾驾到，请至摆设整洁并配有诗画、盆花的明月堂，宾主在茶桌前就座，司客(寺内专门接待客人的和尚)按盏(先客后主)奉茶，主人接茶行至客前，各注半盏。注茶毕，宾主互相致礼，然后各人举盏闻香，放盏观色，再捧二盏呷茶半口，尝味细品，这一动作连续四次。饮完四个半盏后，客人品论茶味，并向主人道谢，主人答礼谦让。此后，司客再向客人注茶，宾主交谈有关事宜。"茶宴"有专用茶具，茶桌上放一精制的茶台子，内有紫砂壶、精制瓷盏、锡制茶罐等。"茶宴"非上宾不予举行。

日本至今尚在流行的"茶道"源于"径山茶宴"。据日本村井康彦所著《茶之文化史》研究认为，"茶道"源于"茶礼"，"茶礼"源于宋朝的《禅苑清规》。仁治二年(1241年，宋淳枯元年)，圣一国师圆尔辨圆从径山法嗣回国，带《禅苑清规》一卷，后来，圆尔依此为蓝本，制订了《东福寺清规》。《东福寺清规》中有程序严格的"茶礼"。"茶礼"在布置讲究的僧堂举行，僧侣必须遵守，举行"茶礼"的僧堂中要张挂宋徽宗、牧溪、赵于、李孤峰、李迪、崔白等名家之画，张贴径山祖师无准师范、虚堂智愚的书法墨迹，摆设中国花瓶，泡茶用天目茶碗。日本《类聚名物考》载，日本"茶道之起在正元中，竺前崇福寺开山南浦绍明由宋传入。"《续视听草》和《本朝高僧传》都指出："南浦绍明由宋归国，把茶台子、茶道具一式带到崇福寺。"

2010年，径山寺的复建坚持以径山禅为核心，建立禅茶体验中心、文化交流中心，包含春茶、夏禅、秋学、冬修四大项目。

二、道教与茶文化旅游

道教是中国土生土长的宗教，并经过长期的历史发展而形成的。武当山是闻名遐迩的道教圣地、道茶之乡，道茶文化醇厚绵长。武当山，又名太和山、仙室山，著名景点有净乐宫、玄岳门、玉虚宫、磨针井、太子坡、南岩宫、琼台宫、武当太极湖、紫霄宫，位于湖北省丹江口市（古称均州）境内，物华天宝，人杰地灵，素有"亘古无双胜境，天下第一仙山"的美誉，历来为修仙学道者心仪神往的世外桃源。优越的地理位置、良好的自然条件和浓郁的道教文化，孕育了别具特色的武当道茶。武当山地区气候温和，湿润多雨，土壤肥沃，植被丰富，不仅很早就有了种茶饮茶的历史，而且从一开始就与道教结下了不解之缘。早在元代云麓樵翁罗霆震所撰的《武当纪胜集》中，就已经有了对武当甜茶的歌咏："修真苦淡味仙灵，自种云腴摘玉英。亘古与人甘齿颊，春风百万亿苍生。"

茶被道教认为是养生服食的草木类药饵。战国、西汉、东汉的神仙方术思想被道教继承，长生不老、羽化登仙成为道教的核心教义，于是形成了道教养生学。而符箓（符咒）、气功、药饵成为道家三大秘术。

其中的药饵分为金石类药饵和草木类药饵。道家认为金石类药饵是达到长生不老的决定性手段，而草木类药饵不过是调理身体健康。但作为道教徒的医学家孙思邈，提出宁肯服用被普遍认为毒性大的草木类药饵，也不服用金石药饵的意见，对于金石药饵的恐惧可见一斑。可见，金石类药饵价格昂贵且服用危险，甚至威胁生命，故它渐渐被草木类药饵替代，扮演起满足服食需要的药物主角，茶就是其中之一。创道教茅山派的道教徒陶弘景于《杂录》曰："苦荼轻身换骨，昔丹丘子、黄山君复之。"丹丘子、黄山君是传说中汉朝的两位成仙的道士，陶弘景撰《本草经集注》说茶能够让人脱胎换骨。

道家养生学认为茶的功效分为两部分：第一是茶可以悦志、醒酒、益思，不眠。这部分是建立在中国医药学的基础之上，是茶本身含有的功效。第二是茶可以羽化、有轻身换骨等的仙药效果，是以神仙道教思想为根底，并不是茶含有的东西，只是由茶投影过来的性质，隐藏其后的动机是羽化登仙。基于这种功效的认识，道家把茶作为养生的草木类药饵，推崇饮茶。道教尚服食修道，奉茶为草木之仙骨，因此爱茶者甚众，有茶道合一的说法。数千年来，武当道教由神农以茶为药，老子首创茶道，到道教信徒创制道茶，品茶论道，修身养性，追求长生不老，茶与道士有着难解难分的亲缘。三国著名道士葛玄，被人叫做葛仙翁，其茶园"葛仙名园"极为有名。武当山道教协会会长李光复曾经指出：武当道士，对道茶的使用通常分成三个层面：第一，喝茶治病。道人喜茶，而自身又兼备看病治病的能力，道士极为关注道茶的药理作用，在武当山，从古到今，大部分道士都能喝茶治病。第二，喝茶能够修养身心，强健体魄。喝茶能够让人头脑清晰，清肝明目。在修养身心以及强健体魄方面都是不二之选。第三，与道家养性要求吻合。道士入定，倡导"和静怡真"，特别是夜晚入定，在枯坐中不免神困气乏，此时喝上一杯道茶，能够让浮躁的思想沉淀，赶跑睡意，而且长期喝道茶，能够让人领略人生三昧，于精神修行更有裨益。

武当道茶自古有之。相传，玄天大帝真武祖师武当修道，玉皇大帝赐茶修身养性，得道成仙。每年三月初三、九月初九，武当道人都要举行盛大的法事活动，用最好的茶敬奉真武祖师，并将这一仪式沿传至今。《天皇至道太清玉册》载："周昭王时，老子出函谷关，令尹喜迎之于家，首献茗，此茶之始。老子曰：食是茶者，皆汝之道徒也。"据传尹喜是在武当山修道成仙的，尹喜既然在武当山修道，且茶作为其收徒传道的重要工具，必然要在此处种茶饮茶。初始，武当道人直接含嚼茶树鲜叶，从中汲取茶汁，在反复咀嚼中倍感茶之芬芳，清心明目，久而久之，茶之含嚼成为一种嗜好。随着时间推移，生嚼茶叶之习转变为煮服，天长日久，渐渐养成沸水沏茶品茶的习惯。武当道人学饮此茶，心旷神怡，心平气舒、人生至境、平和至极、谓之太和，所饮之茶，亦谓之"太和茶"，武当茶道也由此而来。武当山地区至今仍有不少民歌反映了当年煮茶迎宾的习俗，如其中一首《茶馆》就唱道："盘对盘，碗对碗，掌柜开的是茶馆。开茶馆，无招牌，茶壶茶碗摆出来。毛尖茶，龙井茶，武当山上太和茶。"

武当道茶以其独特的品质功效和浓厚的道教色彩，与西湖龙井、武夷岩茶、寺院禅茶并列为中国四大特色名茶，尤其在明清时期就有武当山"朝廷贡品茶"盛名于世。明朝是武当道教、武当道茶最为鼎盛的时期。明朝皇帝把武当山当成祭祀的首选之地，由皇帝亲自委派400名宫内的音乐家前往演奏，其将武当功夫、武当道家乐曲、武当茶道进行整合，编制成有着浓郁武当山道教风格的舞蹈，观之令人心旷神怡。而宫内的音乐家又将道茶作为赠礼进行传播。明朝皇帝还曾敕令武当山佃户每丁每岁办茶2斤，专供道士服用。慕名而来的善男信女络绎不绝，武当道士就在神道两旁搭建了很多茅庵茶舍，为朝山香客提供饮茶之便。

　　然而，历经岁月的淘洗，武当道茶渐渐衰落。20世纪80年代中期，湖北省十堰市茶叶协会负责人王富国，为了弘扬武当道茶的制茶技艺，走访了很多武当道人和茶叶名士，挖掘、搜集、整理出一套武当养生茶的制茶技艺——武当太极养生功夫茶。这种功夫茶是以武当内家三十六功法之一的太极乾坤球功为基础，运用古代道人内家捋、挤、按、揉等功法，通过对茶叶的晾青、摇青、杀青等过程，将茶叶打包成球形，再用紧包、揉包功法发酵，使得这种茶叶达到半发酵的程度，从而制成了武当养生功夫茶。它的外形、色泽非常美观，烹煎后茶汤金黄，醇香盈鼻，馨香持久，被誉为"醇香七泡有余"的佳茗。

■ 武当山茶园

2009年开始打造"武当道茶",在7年的时间里相继荣获"湖北省第一文化名茶""国家地理标志保护产品""第八届中国农交会金奖""中国第一文化名茶"等称号。在2014年12月中国品牌价值评价信息发布中,武当道茶品牌价值达到40.65亿元,名列全国农产品类前三强。2015年6月,"武当道茶"正式被国家工商行政管理总局认定为"中国驰名商标"。近年来,武当山深入开展"文化武当年"活动,在太子坡景区推出了武当道茶、甘露道茶与武当武术表演、民歌演唱、道教法事、周易预测、信物开光、讲经布坛、道医问诊、道家斋饭、武当山珍等相结合的旅游产品。

第九章

港澳台茶文化旅游

一、香港茶文化旅游

香港是全球高度繁荣的国际大都会之一，全境由香港岛、九龙半岛、新界等3大区域组成。香港风景名胜众多，港岛区有中环、立法会大楼、皇后像广场、和平纪念碑、香港礼宾府、中环都爹利街石阶及煤气（瓦斯）路灯、兰桂坊、香港会议展览中心、金紫荆广场、跑马地（快活谷）、香港赛马博物馆、浅水湾、香港海洋公园、赤柱、赤柱大街、赤柱新街及赤柱市场、美利楼、山顶、山顶缆车、凌霄阁、杜莎夫人蜡像馆、香港太平山信不信由你奇趣馆、超动感影院、山顶广场。九龙区有星光大道、维港夜景幻彩咏香江、尖沙咀前九广铁路钟楼、香港文化中心、香港太空馆、香港艺术馆、九龙清真寺、尖沙咀区购物热点、尖沙咀弥敦道、海港城、柏丽购物大道、加连威老道、女人街、金鱼街、园圃街雀鸟花园、旺角弥敦道、花园街、运动街波鞋街、西洋菜街、黄大仙祠。新界及离岛区有青马大桥、青屿干线访客中心及观景台、西贡海鲜街、香港湿地公园。内地是香港最大的旅游客源地。

香港茶文化的背后隐含着贸易联结、文化交流，特别是殖民主义的复杂历史。茶作为香港历史文化的承载者，既保持了中国传统文化的模糊轮廓，又通过世界性的渠道兼收了外来文化因子，成为兼收并蓄的香港味道。在殖民主义与本土文化碰撞的历史过程中，香港文化受到西方文化的影响，使得香港茶文化在极深极广地与外界联系中形成地域文化的独特性和多元性。

香港从1841年成为英国殖民地，至1997年回归祖国，加上港口贸易的自由开放，决定了香港茶文化不同寻常的开放和兼容。世界各地的茶叶进入香港，也使香港市场出现的茶叶种类繁多，可谓世界各地茶叶产品的展览橱窗。香港的茶源，多自产茶国输入或非产茶国转口而来，还有一些货源是从茶叶进口国再加工后而输入的。美国、英国、法国、德国、比利时等国家，均不产茶，可是这些茶叶进口国每年都有数量可观的茶叶产品输入香港。香港居民的茶叶消费水平较高，据统计，人均年茶叶消费量为1.5千克，并且由于香港的茶文化旅游业发达，旅游的流动人口巨大，茶与茶文化的消费量也是居高不下，所以香港茶叶的转口、出口贸易很繁荣，其茶叶在香港本地销售市场也非常稳定。

香港茶楼传承了中国广东一带的早茶风俗，传统的"一茶两盅"在早晚茶市中随处可见，是港人慢时光的休闲之处。香港茶餐厅贯穿中西，兼容各国饮食文化，是香港本土快餐文化的独创。香港茶楼和茶餐厅呈现出香港茶文化混杂而富有个性的特质，代表了港式口味，是香港饮食文化的标志。

香港茶楼提供各式茶类，配以茶点，茶客选取小盘碟，或选取小蒸笼。20世纪50～60年代，战后经济刚刚起飞，西环容纳了大量码头、工厂的工人，茶楼门庭若市。当时香港最著名的杏南茶楼早午晚市均座无虚席。70年代跨国公司进入香港，工商业起飞，改变了港人的生活方式，人人外出解决三餐，带动了快餐、酒楼的繁荣，分流了茶楼顾客，加上电视的普及，令市民宁愿留在家中看电视，也不到茶楼消磨时间。这样一来，香港茶楼普遍放弃经营晚市。到了90年代，冲泡热饮的旧式茶楼在工作、学习与生活的步伐全面加快的威胁下，生意日渐式微，纷纷关门大吉，连最受香港市民欢迎的、有七八十年历史的杏南茶楼也最终不堪时代的冲击，于1995年8月1日正式结业，香港旧式茶楼亦然成为历史。人们以后或许只能在博物馆里看到香港旧式茶楼的资料与实物，老茶客也只能在博物馆里缅怀昔日的时光。

茶餐厅在香港很难找到维持几十年不变的文化传统，追溯到20世纪50年代的餐厅、冰室，茶餐厅至少有50年历史。茶餐厅在香港的街坊闹市、公屋村落、豪华商场随处可见。一般早上7时开门到深夜11时才打烊，近年更有24小时经营的。在五花八门的香港饮食行业中，多少茶楼食肆结业，茶餐厅却能在逆境中有声有色地扩展。

茶餐厅代表香港大众文化传统的深刻意蕴。茶餐厅基本是个西式饮食餐馆，是香港人在英国殖民统治下，生活西方化的指标。早期的西餐厅为外国人所开，价钱高昂，亦不招待华人。第二次世界大战后，香港深受西式生活习惯影响，模仿西方人"叹西茶"（喝咖啡）的方式，出现了华人开设的"茶餐厅"，标榜的是特制咖啡、丝袜奶茶及两者的结合。"鸳鸯"菜式也是中餐和西餐的结合。茶餐厅的英文招牌必用"cafe"一词，这是20世纪西方生活现代化的象征，都市人的餐饮习惯出现改变，开始走出家庭到外面享受，建立了一套重视西方文明外出用餐的礼仪，如怎样点菜、如何跟侍者交谈等。茶餐厅学得其表现形式，自己发展出一套有趣的、不中不西的仪式行为。

茶餐厅供应的饮食种类繁多，中西餐饮皆经济实惠，使茶餐厅成为香港人廉价解决三餐的地方。20世纪60年代始，茶餐从中式、西式，扩展到日式、泰式等无所不包，最出色的港式咖啡、奶茶仍只有在茶餐厅品尝得到。茶餐厅食物款式多，既有中式酒楼供应的肉类、海鲜，又有西餐厅售卖的火腿奄列、西多士、沙律、咖啡及奶茶，还有煲仔饭、碟头饭、盅头饭、生滚粥、粉面、煎炸小食、明炉小炒等本地传统的大排档食品。这些原创自五湖四海的餐饮小吃，在茶餐厅的早茶、午饭、下午茶、晚餐、夜宵中，轮番应市。不少茶餐厅还做外卖，兼营盒饭和面包西点，所谓的"西式粉面"，都是适合中国人口味的本土发明。香港流行多年的各种通心粉汤和会意粉式煮法、中式吃法的意大利面，是西餐中化的典范，在外国餐馆很难吃到。茶餐厅的包容性和适应性，让薄利多销的茶餐厅商家，赚取了可观的收入，且具有竞争存在的价值。

茶餐厅代表了香港的快餐文化，速度要快、配搭要多变、价钱要实惠、行事方式中西合璧，用最快捷妥当的办法把事情做好。由点菜至结账都服务便捷，顾客刚一坐下，就可从各种预设好的常餐、快餐、午餐、特餐中选取所需，效率极高，很符合生活繁忙的香港人的急速节奏。不同阶层、行业的顾客都聚集在茶餐厅内，边吃饭、边高谈阔论、阅读马经，成为香港独有的"茶餐厅景观"。

茶餐厅乃香港传统文化的浓缩，茶餐厅的复兴扩展，象征后殖民地香港意识的定型和香港人对香港文化的认同。从茶餐厅可以看到在全球化的冲击下，香港文化的改变和适应。茶餐厅给人一种标准化、传统化的不变形象，但是近年多元文化的饮食供应，摩登装饰的包装，价位低廉的招徕和媒介广告，使得茶餐厅成为多变而有适应能力的现代餐饮业。从21世纪开始，茶餐厅在香港更受欢迎。茶餐厅作为最地道、最草根的饮食场所，早已成为文化的一部分，即使在旅游协会向外地人士推销香港时，茶餐厅也是卖点之一，而其中有些更成为该类型食肆的"名牌"，吸引大量市民甚至明星光顾。

此外，香港茶具文物馆被旅游协会列为重要旅游点。香港茶具文物馆是由早期驻香港英军总司令官邸改建而成，位于红绵道香港公园内，又名旗杆屋，是香港现存最古老的西式建设之一，具有古希腊建筑风格，占地770平方米。这座香港艺术馆的分馆，于1978年加入法定古迹行列，1984年1月正式对外开放，免费供市民和游客参观。全馆共有2层展馆，分为6个展区。楼内上下9个房间陈列着西周至21世纪的数百件茶具文物，主要由罗桂祥先生捐赠。陈列馆的资料有唐代陆羽《茶经》推荐的"投茶法"，宋代盛行的"点茶法"，清代流行的"泡茶法"，以及综合了明代以来最佳泡茶方法和流行闽粤地区的"功夫茶"。伴随着饮茶方法日益讲究，陶瓷茶壶也成为艺术品。许多外国游客被该馆历代古老茶具的奇异造型深深吸引。众多茶具展品中，有一副清康熙年间的五彩十二花神杯，被称为"镇馆之宝"。这十二只玲珑剔透的白瓷杯，分别画上代表月份的梅花、杏花、桃花、牡丹花、石榴花、荷花、月季花、桂花、菊花、兰花、水仙、腊梅，并且各自配有咏花诗句。这些浓缩着中国文化精华的茶杯，散发出宛如茶中极品的醉人芳香。1991年5月，香港公园开园后又成了公园内一处幽雅景点。它也是香港市政局继位于九龙公园的香港博物馆之后，利用旧建筑物改建而成的第二家博物馆。

■ 香港兰芳园茶餐厅

二、澳门茶文化旅游

澳门是一个国际自由港，是世界人口密度最高的地区之一，也是世界四大赌城之一。澳门现有七个堂区和一个无堂区划分区域，包括澳门半岛、氹仔和路环两个离岛。澳门风景名胜众多，历史景观有大三巴牌坊、妈阁庙、谭公庙、澳督府、龙头环。现代建筑有澳门旅游塔、金莲花广场、融和门、渔人码头、氹仔大桥。娱乐场所有葡京赌场、和记娱乐城、澳门半岛京大赌场、澳门赛马会。人文场所有孙中山市政纪念公园、纪念碑花园、邮政局博物馆、天主教艺术博物馆、澳门酒类博物馆、氹仔住宅博物馆、龙环葡韵住宅式博物馆。教堂有九澳七苦圣母小堂、望厦圣方济各小堂、望德圣母堂、圣若瑟修院、圣奥斯定堂、圣弥额尔小堂、圣母雪地殿教堂、路环圣方济各圣堂、圣雅各伯小堂。

澳门是中国与西方国家之间的第一个茶叶转运站。荷兰东印度公司于 1607 年始经澳门将茶叶运往欧洲，澳门作为世界重要的茶叶转口贸易港，在东西方茶叶贸易、传播中扮演着重要角色。澳门是近代中国茶文化推广至西方世界的最早门户，是中国茶文化尤其岭南茶俗传承乃至传播世界的重要枢纽。

1517 年，葡萄牙海员在澳门购买茶叶自用和送礼。1607 年，第一批由水路运往欧洲的茶叶从澳门起航，从此打开了中国茶叶销往西方的大门。18 世纪，嗜茶的葡萄牙公主下嫁英国国王后，饮茶的风气也带至英国。如今澳门已成为中国向西方出口茶叶最重要的转口港，中国茶文化也伴随着茶叶贸易而传播到欧、美乃至世界各地。400 多年来，澳门在将中国饮茶和泡茶的方法、嗜好、风气、习俗连同茶具、茶画和 "cha"（"茶" 的葡文音译词）这个词传到亚洲、欧洲、美洲。

澳门留下了大量珍贵的茶文化遗产，诸如茶诗、茶联、茶画、茶楼、茶庄、茶社、茶馆、茶亭、茶商、茶人、茶艺以及茶俗等。在1838—1962年的100多年中，澳门地区有数不胜数的具有岭南风格的茶楼。诸如南来、近仙、茗心、如心、杏香、得来、得心、远来（前身是南来茶楼）、金龙、大同、吉祥、添男、冠男（前身是金龙茶楼）、六国（前身是得心茶楼）、九如、宝如、妙香、天真、真心、七妙斋、品南、晃记（昔为茶楼，今为饼家）、合栈、濠江倌仿、大龙凤（前身是得来茶楼）、云英、镜海、天海、好景、新新、大四喜、人人、富泉、茗泉、一定好、龙华等。其中大茶楼远来、吉祥、添男、得来等在20世纪20～30年代陆续开业，展开了澳门茶市的全盛时期。最有名非六国饭店（茶楼）莫属，其位于十月初五日街159号，由广东第一美食家"太史公"（江孔殷）题书牌匾，1938—1990年兴盛了近六十年，曾经是傅老榕、何贤、马万祺、何鸿燊等名流聚会的场所。

澳门茶楼的初始形式是家庭作坊式的小型茶寮，一般开设在贸易繁盛地带，诸如十月初五日街、关前街、草堆街和营地街。19世纪中期才发展成近代茶楼，推动了早茶在澳门的兴起和流行。在老旧的点心纸、月饼盒、外卖纸袋、歌单、广告上常常可见旧式茶楼的讯息，可以想见其时茶楼的繁华热闹。

澳门传统茶楼呈现出丰富多彩又独具特色的本土茶文化，包括茶楼陈设、佐茶点心、"叹"茶习俗、茶花与茶客风情等。以茶楼用语为例，传统茶楼用语兴盛于六国、远来等大茶楼兴旺期间，如今仍存在于饮食及其他行业中。如"揸巴士"指的是茶楼服务员的动作姿态，即胸前挂盛点心的大蒸笼，一面穿插于顾客之间一面叫卖，用两手提着蒸笼耳，动作类似驾驶巴士的售票员。"贺寿"指的是服务员双手捧蒸笼，似八仙贺寿的动作。"死人头"专指铜制大水煲。

如今，澳门有各式饮茶店号600多家。澳门的专营茶楼，每天清晨6时就茶客盈门，老少成集，男女毕至。澳门人饮茶风气盛行，不仅每天都要到茶楼饮茶，而每当逢年过节，全家老少欢聚，首选去茶楼饮茶。茶楼供茶以壶盅，人手一壶香茗，一盅茶点。澳门人钟爱普洱茶、乌龙茶和红茶，即使工作之余，也会利用一小时的午歇，就附近的茶楼闲坐片刻，喝上一杯醇厚的红茶。

　　茶饮是澳门诸多饭店的主要服务项目，香茗兼有淡酒，中西食品兼备是茶楼酒家招揽顾客的精明策略。澳门人也喜下午茶，著名的澳门360°旋转餐厅中设有

澳门龙华茶楼

观光塔下午茶餐厅，在这里悠闲地啜饮下午茶，品尝美味茶点，高空俯瞰珠澳两地的美丽景色，惬意之极。

中式茶馆是演绎传统茶文化的地方，位于大三巴牌坊耶稣广场的"澳门茶故事"茶馆，推广中国茶艺、举行茶艺与传统文化的交流活动。茶馆一楼还开设葡式茶座——葡国好嘢(Lusitanus)，提供葡式小吃，设不定期试洒及试吃活动。

三、台湾茶文化旅游

台湾文化以中华文化为主体，是中华文化的重要组成部分，原住民族的南岛文化亦有影响，近现代又融合了日本和欧美文化。台湾地区包括台湾岛及其附属岛屿——澎湖列岛、金门群岛、马祖列岛、东沙群岛、乌丘列屿、南沙群岛的太平岛与中洲礁及周围附属岛屿。台湾有98%的人口是来自中国大陆的汉族，约2%则是在17世纪汉族移入前即已定居的台湾高山族。中国大陆是台湾旅游市场最大的客源地。台湾境内的阿里山、日月潭、太鲁阁峡谷、玉山、垦丁、阳明山等都是著名的自然旅游景点。位于城市的著名景点有台北101大楼、台北故宫博物院、中正纪念堂、国父纪念馆、高雄爱河等。

台湾山地面积居多，山区气温适宜、雨量充沛，有利于茶树生长。台湾发现野生茶树的记载是在被荷兰殖民者侵占时期，至清雍正年间，赴台垦殖的先民开始采摘利用野生茶。台湾山区昼夜温差大，早晚云雾笼罩，有利于茶叶有效成分积累，所以茶树生长好、茶叶品质高。台湾主产乌龙茶，兼红茶、柑普茶、绿茶等。清乾嘉年间，台湾由福建引进茶种及乌龙茶加工技术，开始人工栽培茶树，经营茶园及产制茶叶销售至福州、厦门及海外，使台湾乌龙茶名扬国际。被日本占领时期，日本人在台湾扩大茶园面积，大力发展红茶。台湾光复后，由大陆赴台的茶叶技术人员在台湾试制眉茶成功，并由日本引进煎茶（蒸青绿茶）的加工技术，使绿茶成为台湾外销茶的一部分。

1970年，台湾在台北文山设立了木栅茶园作为休闲采摘观光茶园，是传统茶区开创的第一个休闲农业旅游项目。木栅山区因土质及气候适合铁观音品种的生长，其区内的铁观音茶种，原是茶树品种名（别名红心观音），由于适制部分发酵茶，其成品名为铁观音茶。木栅茶园种植面积逐年增加，现约有100公顷，年产6万千克，有示范农户约100家。木栅茶区被台北人称为"猫空"，原来的一片种茶、卖茶的山坡地，铺上柏油道路，林立休闲茶坊，庭园景观配以露天茶座，可谓独具匠心。木栅铁观音观光茶园，以举办茶艺活动打响了木栅铁观音茶的名号，并大获成功。

1983—1990年，台湾制定《发展观光农业规划书》及《发展休闲农业计划》，将建设富丽农村计划开始践行，其中的重要内容是发展休闲农业。2000年以后，台湾建立了各种独具特色的旅游性质的茶园，可谓百花齐放，休闲农业飞速发展。

观光茶园如台湾第一座生产高山茶的茶园，南投县信义乡玉山茶园，海拔1 200～1 800米，云雾缭绕，气候四季如春。所产高山茶温润滑顺、喉韵甘甜，可说是茶中上品。

森林茶园如龙头休闲森林茶场，占地面积达120公顷，可供茶客于大自然中享受忘我的快乐。茶区里可以登山健行，观赏自然风物，欣赏花卉，摘采茶叶，捏陶，农艺品教作，泡茶品茗等。

高台茶园如鹿野观光茶园，位于台东乡永安村及龙田村。高台观光茶园居高临下，可谓最佳的茶园风光观赏地，远眺花东纵谷以及龙田河阶上方整的农田景致。

港口茶区如台湾最南部的产茶区——屏东县最南端的满洲乡港口村，所产茶叶因地得名称为"港口茶"。清光绪元年（1875年），恒春设县，首任县令周有基自福建引进茶籽于城外山坡地种植，此为港口茶之起源。港口茶区面临太平洋，常有海风侵袭，只有以茶籽播种的菁茶才能生存，因此群体种（菁茶）是港口茶的特色，茶叶滋味浓烈，适合当地吃槟榔喜爱重口味的习俗。港口茶迄今已百余年历史，久负盛名。港口茶区位于满洲乡佳乐水风景区，在垦丁国家公园境内，来一趟港口茶文化之旅，可顺道至垦丁公园、鹅南鼻灯塔、恒春古城、车城海洋公园旅游。

台湾各个茶区、茶场都具有独特的生态地理优势，大都位于著名的风景区，如阿里山、日月潭，有丰富的茶文化旅游资源。

阿里山乌龙茶是台湾著名的高山茶，产自阿里山一带山区。阿里山公路旁边那一片片整齐有序的葱绿茶园横跨几个茶区：山美茶区，番路乡隙顶乌龙茶区，龙头高山乌龙茶区，阿里山乡的达邦，里佳和丰山茶区。另有生产阿里山珠露茶的石卓茶区，与生产梅山乌龙茶"仙叶茶"的梅山乡的樟树湖茶区道路相通，著名的阿里山登山铁路终点站奋起湖即在此通道中间。沿路可抵达瑞里、瑞峰、碧湖、龙眼林茶区，此茶区的茶叶以"瑞里龙珠茶"著名，最后到达太平风景区的太平茶区。

日月潭红茶乃台湾为发展红茶的高档内需市场而研发，历史悠久。为了大力发展台湾红茶产业，南投县于1936年在鱼池日月潭设立鱼池红茶试验分所，后改为茶业改良场鱼池分场。台湾光复后推广大叶种红茶加工，在20世纪50年代至70年代红茶成为台茶外销的主力。由于红茶制造成本高涨，外销困难，1977年南投县将鱼池、埔里所产红茶命名为"日月潭红茶"，发展红茶的高档内需。同时，大力发展茶文化旅游，将1959年兴建的鱼池农林公司老旧茶厂的红茶萎凋房改装成茶馆餐厅，将鱼池茶厂改名为日月老茶厂，保留有机茶园及传统的发酵、揉茶、干燥设备，以便游客了解制作红茶各个环节的知识。目前，鱼池乡公所、农会、茶业改良场鱼池分场及日月潭风景区管理处，均大力推广日月潭红茶、乡长红茶、森林红茶、和果红茶、涩水皇家红茶、膨鼠红茶等品牌，并与观光休闲产业结合，意在扩大"日月潭红茶"的高级红茶效应。日月潭的猫囒山步道的茶区景观最有特色。沿途环境清幽，视野极佳，可欣赏满山遍谷的阿萨姆茶园、台湾杉木、日月潭湖景及猫囒山古茶树，登顶可远眺九份二山及集集大山，是日月潭观赏日出的最佳景点。

临近台湾北部的乌来风景区的文山包种茶产区地域广阔，以新店、坪林、石碇、深坑、汐止、平溪等乡镇所产者最负盛名。位于新店溪南侧屈尺山旁的文山农场，海拔400米以上，常年温润凉爽，云雾弥漫，景致优美，被日本占领时期即台湾茶叶指导所，可谓百年茶场，所产文山包种茶，品质特佳，驰名中外。台北县农会开发休闲文山农场，设有露营区、野餐区、药用植物园圃、休闲活动区、家庭认养园圃、茶艺室、会议厅、制茶研习馆、农产品展售中心、儿童游戏场等，开展休憩与交往、健行、制茶体验、教学活动等，已成为祖国大陆游客、台北地区民众，以及日本旅游者到台湾旅游的重要景点。

台湾不仅茶叶种类丰富，而且名茶繁多，以名茶为依托的茶文化挖掘和建设使台湾的文化旅游产值增加，茶产业跨入文化产业的行列。

享誉世界的台湾东方美人茶即椪风乌龙茶，又称椪风茶、白毫乌龙、香槟乌龙，台湾新竹县北埔、峨眉茶区是其起源地，曾一度流行于台湾北部茶区，如今以新竹县北埔、峨眉及苗栗县头份为主要产区。有深厚的客家文化风情的茶区——新竹县北埔乡、峨眉乡每年都会举办茶与客家文化融合的大型活动。北埔乡公所于白毫乌龙茶盛产季节，举办膨风节产业文化季活动，促进东方美人茶的营销。峨眉乡将百年老茶厂和珍贵的樟脑结合起来，向游客展示茶和樟脑的制作工序。峨眉乡另设立了富兴茶叶展示中心，是融合区段内茶农共同企业经营的休闲农业景点，推广东方美人茶。

冻顶乌龙茶产于台湾中部邻近溪头风景区，是南投县鹿谷乡的特产茶叶。冻顶乌龙茶外观紧结成半球形，色泽墨绿，水色金黄亮丽，香气浓郁，滋味醇厚甘润，饮后回韵无穷，是香气、滋味并重的台湾特色茶。鹿谷乡茶园四周满目是美丽的自然景观，如孟宗竹林、麻竹林、冻顶山、溪头、杉林溪、麒麟潭、凤凰谷鸟园、台大凤凰茶园等，鹿谷乡农会将其纳入整体规划，创制茶香竹韵休闲之旅，可进行探访冻顶茶园、竹林访幽、竹香大餐、茶艺DIY、竹艺DIY等丰富活动。主要行程包括参观鹿谷乡农会茶业文化馆、茶艺教室泡茶品茗、研习茶艺专业知识、登冻顶山眺望茶山茶园、欣赏麒麟潭美景、参观凤凰谷鸟园、访幽孟宗竹林、走访溪头森林游乐区等活动。

台湾的包种茶兴于南港，盛于南港。南港茶园位于旧庄街二段山坡，传统手工采制，由于费时费力，所以品质较佳的春、秋、冬三季茶是其主要的产品，栽种青心乌龙茶树，包种茶品质优良。南港观光茶园于1982年建立，南港茶叶制造示范场2002年起正式启用。示范场面积2.9公顷，设有制茶机械展示室、电化教学简报会议室、茶文物特展室、茶叶评审室、茶艺教学区、观景露台等。场外有茶园、步道区、庭园区、停车场、煤矿露层等。另有地下室所设的台湾茶业展示空间，展示台湾茶史，呈现文字、图片及老茶具。南港茶区有丰富的旅游资源，与茶文化资源相得益彰。诸如胡适纪念公园、"中央研究院"、南港公园及光明寺等，可经由南深路与深坑联通，顺道品尝深坑特色豆腐。

台湾最有名的文山包种茶产地为台湾坪林乡，位于台北县东南方，地处台北和宜兰的中继站，群山环绕，温暖潮湿，云雾弥漫。坪林乡勤奋的茶农以及自清朝以来的优秀制茶技术，使得坪林茶成为文山包种茶中的佼佼者。坪林街上茶行林立，坪林茶博物馆常常举办茶艺文化周，每到11月底，茶农采集茶样送审，层层评比，坪林的大街小巷都充满着醉人的茶香。商旅往来台北盆地及宜兰东部的古道要经过坪林，所以坪林乡是具有多样文化旅游资源的茶区，除了在此泡茶品茗，还可登山、健行、骑铁马、欣赏国宝级活化石台湾油杉。

台湾茶区开展丰富多彩的茶文化旅游活动已经成为台湾茶业界的传统项目。每年春节的赏樱品茶活动，集品茶、赏花、探春于一体，浪漫高雅。以九族文化村的樱花茶会为最，其间茶席欣赏、樱花茶会入席、入席品茶、品茗茶香、欣赏夜樱，可谓无茶不欢。台湾茶文化活动结合当地的自然优势和民俗文化，创意无限，诸如文山茶笋文化节，红茶揉茶体验营，茶香笋鲜夏日游，擂茶灯会，观光休闲产销班，制茶DIY及园区生态导览等多元化活动，每年春、夏及冬茶采收、制茶季节，吸引了大批茶人参与和游乐。

台湾的地域茶文化历史的挖掘和利用，促成了台湾的古街怀旧旅游。最有名的大稻埕古街，台北至基隆铁路开通后，基隆港逐渐取代淡水港，大稻埕茶业街逐渐没落。古茶街尚存的历史文物、代表性建筑见证了清代及日本占领时期台茶享誉国际的繁荣历史。大稻埕最初是晒稻谷的大广场，位于近淡水河口，因淡水有河运之便，大稻埕商业逐渐繁荣。1860年淡水开港后，大量外商涌入，沿台湾北部淡水河流域、丘陵地发展茶业，垦拓茶园，收购茶叶。所产茶叶借河运之便，在近淡水河口的大稻埕，集中精制、外销，于是大稻埕集中设立许多茶馆、茶行、茶栈、洋行，鼎盛时有百余家，成为一大茶市。贵德街是在大稻埕区域扩充开辟的一条古街，原名千秋街。台湾巡抚刘铭传为了使台湾的国际贸易更加便利，于是扩充稻埕、整顿街道，开辟建昌街及千秋街，兴建洋楼，租给外商，形成外侨聚集区，于是经营茶叶之洋行、茶厂及茶行林立，形成一条茶街。贵德街的老式建筑是一道美丽的风景线。为了防范台风季节的大水，建筑台基高出地面尺余，亭仔脚（骑楼）入口处有四、五层台阶，亭仔脚又是茶工拣剔茶叶的地方，茶箱、茶笳苈（竹筛）塞满亭仔脚的每一角落，整条街都是扑面而来的茶香。

祭祀茶郊妈祖是台湾茶业界的一大盛典。每年农历九月二十三日，即一年中结束制茶的日子，举行庆典，祭祀茶神陆羽诞生，此日则为茶郊妈祖日。19世纪80年代台茶外销鼎盛，为了团结同行，扩展生产，改良技术，精进品质，奖励输出，巡抚刘铭传遂于1889年特令茶业者组织

茶郊永和兴。茶郊的宗旨是促进本行业的健康发展，保护重视茶工的利益，设立回春所，照顾弱势茶工，供有茶郊妈祖。如今茶郊永和兴发展为茶郊妈祖现供奉于台北古茶街上的台北市茶商同业公会大楼。

台湾的茶食品和茶饮料种类多样，滋味可口，如台湾珍珠奶茶是到台湾一定要品尝的特色茶饮。1983年，春水堂推出全台湾第一杯珍珠奶茶，珍珠"粉圆"配以顶级阿萨姆红茶吸引众多茶客前往品饮。此后这种茶饮料风靡世界，受到不同年龄段人群的欢迎和喜爱。

■ 台湾鹿野观光茶园

一、日本茶道文化之旅

日本别称樱花之国，是一个高度发达的资本主义国家，由本州、四国、九州、北海道四大岛及7 200多个小岛组成，总面积37.8万平方公里，夏季炎热多雨，冬季寒冷干燥。主体民族为大和民族，通用日语，总人口约1.26亿，首都东京。645年，日本向中国唐朝学习，进行大化改新。12世纪后期，进入幕府时代。1868年，日本又向欧美列强学习，进行明治维新。日本有著名"三道"，即日本民间的茶道、花道、书道。相扑、和服、柔道、剑道、空手道、能剧、合气道等也是日本的民族特色。日本旅游自然风光有富士山、阿苏火山、白山历史乡村，著名建筑有东京铁塔、金阁寺、银阁寺、唐招提寺、大阪城天守阁、台场、浅草寺。日本人钟情于蒸青绿茶。

从唐代开始，中国的饮茶习俗就传入日本，到了宋代，日本开始种植茶树，到明代，真正形成独具特色的日本茶道。日本茶文化的传播者，主要是佛教徒，如最澄、空海、永忠、荣西、明惠上人、南浦绍明、希玄道元、清拙正澄、村田珠光、隐元隆琦等。日本茶道以"禅茶一味"为宗旨，借茶道悟禅道。来华求法习禅的日本遣唐、宋使早期通过明州港(今宁波)来中国学习佛教文化(主要是禅宗)和茶文化，并带回本国加以弘扬。早在唐贞元二十年九月(804年)，日本僧人最澄从明州港入唐，次年五月从明州港带回大量的中国茶树和茶籽，种植于日本近江（今贺滋县）坂本的吉神社，是中国茶带到日本的最早记录。而空海和尚从明州港返日带茶奉献嵯峨天皇的时间要比最澄和尚晚近两年。中国茶叶对外传播，海上通路以明州港为起点这一"海上茶路"正是中国茶禅文化对外传播、影响日本茶文化的重要输出地。

日本的奈良时代，日本使者和敬仰佛教的僧侣们前往唐朝首都长安，把茶叶带回日本，开始改变不产茶不饮茶的日本社会。日本永忠和尚在唐朝生活三十余年，而后他将茶带回了日本。此时的茶要么作为珍贵药材，要么专为贵族、寺院礼仪而用，圣武天皇与孝谦天皇都曾赠茶犒劳僧人。故当时饮茶阶层局限在宫廷贵族、留唐僧侣等，民间无法企及。9世纪后，随着遣唐使的停派，从中国进口的茶叶也随之骤减，饮茶之习逐渐衰落。

到镰仓时代，日本开始种植茶树。被日本尊为茶树栽培开山鼻祖的荣西禅师将茶树茶籽带回日本栽培，并且撰写了日本第一部饮茶专著《吃茶养生记》。其序曰："茶者，养生之仙药也，延寿之妙术也。山谷生之，其地神灵也，人伦采之，其人长命也。天竺唐土均贵重之，我朝日本曾酷爱矣，古今奇特之仙药也……"日本茶人将茶尊奉为灵丹妙药，很大程度上源于《吃茶养生记》对茶为良药的保健价值的认识。饮茶习俗仍以僧人为主体，民间开始茶树种植，饮茶也开始渐向民间普及。

12—13世纪，新兴的武士集团登上政治舞台，他们凭借雄厚的财力经常举办以品尝各地茶叶来赌博的斗茶会。室町幕府的第三代将军足利义满提炼了斗茶，为日本茶文化向宗教性质的"书院茶"过渡准备了条件。室町时代的第八代将军足利义政是"书院茶"的创立者，他建造的"同仁斋"是一个有固定墙壁的小空间茶室，改变了之前茶会的开放式的大空间，茶道的室内空间由此形成，后来被称为书院式建筑，在其中进行的茶会就称为"书院茶"。由于书院茶基本确立了现行日本茶道的点茶程序,所以日本茶道于室町时代末期便产生了。

奈良称名寺的和尚村田珠光创造了著名的奈良淋汗茶,以草庵建筑为茶室,称之为草庵茶。草庵茶风即把禅佛法融入饮茶之中,提出了"佛法存于茶汤",于是形成了尊崇自然与朴素的独特草庵茶风。继珠光之后的武野绍鸥将茶道纳入和歌理论,形成独具日本特征的素淡、典雅的风格。

武野绍鸥的弟子千利休(1522—1592年),早年名为千宗易,后来在丰臣秀吉的聚乐第举办茶会之后获得秀吉的赐名才改为千利休。他和薮内流派的始祖薮内俭仲均为武野绍鸥的弟子。千利休极力摆脱饮茶中物态因素的限制,追求简洁静寂的茶道美学,将茶道从禅茶一体的宗教文化还原为淡泊寻常的本来面目。他极大地简易化了茶室,将室内装饰简化,还将四张半榻榻米缩小为三张甚至两张,更加关注茶道的精神世界。他取消了茶会之后的酒席,茶事完毕,客人立即离去,主人不必挽留或远送。千利休还将原本唐式的茶具改变成为带有日本民族特色的岛国式,意在表现回归自然的美。他不拘于世间公认的名茶具,将生活用品随手拈来作为茶道用具,强调体味和本心;并主张大大简化茶道的规定动作,抛开外界的形式操纵,以专心体会茶道的趣味。茶道的"四规七则"就是由他确定下来并沿用至今。千利休提出的"和、敬、清、寂"称为日本"茶道四规",成为日本茶道的核心。"和"就是和睦,表现为主客之间的和睦;"敬"就是尊敬,表现为上下关系分明,有礼仪;"清"就是纯洁、清静,表现在茶室茶具的清洁、人心的清净;"寂"就是凝神、摒弃欲望,表现为茶室中的气氛恬静,茶人们表情庄重,凝神静气。"和、敬"是处理人际关系的准则,通过饮茶做到和睦相处、互相理解,以调节人际关系;"清、寂"是指环境气氛,要以幽雅清静的环境和古朴的陈设，造成一种空灵静寂的意境。所谓"七则"就是茶要浓、淡适宜；添炭煮茶要注意火候；茶水的温度要与季节相适应；插花要新鲜；时间要早些，如客人通常提前15～30分钟到达；不下雨也要准备雨具；要照顾好所有的顾客，包括客人的客人。从这些规则中可以看出，日本的茶道中蕴含着很多来自艺术、哲学和道德伦理的因素。

千利休去世后，他的弟子们分别继承了他的茶道思想，400年来形成了许多流派。主要有里千家流派、表千家流派、武者小路流派、远州流派、薮内流派、宗偏流派、松尾流派、织部流派、庸轩流派等。各流派大都遵循千利休的茶道思想，大致包括"抹茶道"和"煎茶道"两大门派。各流派都有自己的"家元"（掌门人）继承上代的茶技，现实绝对威望权力。家元乃职位世袭制，一般由长子继承。继位之前须修行茶道，进入禅院参禅。从五六岁开始即经历长年艰苦修行。所以，家元的人格、茶技、言行对这一流派的发展有巨大影响。家元制度的建立，对于继承发展茶道文化起了很大的作用，这就是各派茶道代代相传的巨大力量。一般人学习某派茶道，需要办理入门手续，跟着有教授资格的茶人不断修行，到一定年限后，根据学习掌握的程度，发给适当的证书，证书的级别约有10多级。

日本的茶道建筑是专用于举办茶事活动的场所，由茶庭和茶室两大部分组成。茶庭（露地）为世俗通入茶室的通道区域，由小茅棚、石制洗手钵、厕所、垃圾坑、石板小道及树木植物等构成。茶庭并非休闲场所，而意在修行。茶室是天然原材料（原木、树皮、竹、稻麦秆、泥土、宣纸等）建成的小茅屋。作为客人入口的小门尺寸仅为73厘米×70厘米，必须谦恭屈膝而行。室内全采用自然光，不用电。茶室内设壁龛、地炉，地炉的位置决定室内榻榻米的铺放方式。地面铺榻榻米，面积最好为4张半榻榻米大小（约8.186平方米，每张＜2平方米），可招待3位客人。

一般来说，客人坐在操作人（主人）左手一边称为顺手席。客人坐在操作人右手一边称为逆手席。

日本茶道活动中所用器具纷繁多样、精细复杂，在美学上追求自然纯朴，避免人为的矫揉造作。茶人视茶道具为"有生命"之器，茶人须向茶具行礼，以示珍惜。日本茶会践行日本茶道理念，茶事过程由初座、后座组成，其间有一段稍事休息的时间（约20分钟），叫"中立"。客人先进一个小房间喝水，整理服装，客人至齐后移到茶庭小茅棚，坐下来观赏茶庭风景，然后进入茶室就座。首先，主人表演添炭技法，此为第一次添炭，称"初炭"。其后，为避免空腹饮茶恐伤胃黏膜，主人奉上各种茶食，茶食种类多且量少，一般有三碗米饭、一碗锅巴泡饭、一盘凉拌菜、两个燉肉丸子、三段烤鱼、一些咸菜、蘑菇、海味、三碗大酱汤、一碗清汤、一道甜点、二两清酒。其中一道名为"茶怀石"的茶食，据说来源于和尚坐禅，将烤热的石头揣在怀里以挨空腹之难。茶食用毕，客人去茶庭休息，"初座"结束，进入"中立"。其后再入茶室，主人为客人点浓茶，再次添炭，称为"后炭"。然后再为客人点薄茶。喝完薄茶，客人退出即结束。整个茶事所花时间通常为4个小时。

日本茶园主要产茶区是静冈县、鹿儿岛县、三重县等10个县。日本的静冈同中国的日照、韩国的宝城是茶界专家公认的世界三大海岸绿茶城市。静冈可谓日本茶文化旅游最著名的胜地。静冈县在日本的中部，气候温和，是日本最大的茶乡。静冈茶园面积近30万亩，占日本茶园面积的42%以上。日本70%的茶叶销售在静冈进行交易，日本主要的茶叶研究机构（国立茶叶研究所和静冈县茶叶研究所）、茶叶机械设备制造商和大型茶企都在静冈，静冈已成为日本茶产业的中心。当地至今保留着古老的"茶草场农法"种植手法，即将收集的部分草、叶子等铺在茶埂上的手段，来提高土壤保湿、保温能力的耕作方法。这种保护生物多样

性的传统耕作方式被联合国粮农组织（FAO）认证为全球重要农业文化
遗产（GIAHS）。

　　静冈绿茶是江户时代日本茶人就创制出的煎茶和玉露茶，煎茶是在
绿茶制作的基础上煎烘而成，品质较高的玉露是利用遮光栽培技术，减
少茶生长过程中茶叶里单宁的合成而致茶味甘甜。静冈县以茶园农耕式
休闲体验闻名，以"茶都"为核心的旅游项目，推出多条以茶工厂、茶
庄园、茶吧等特色休闲场所为特色的旅游线路，绘制地图方便游客的出
行。游客在茶庄既可以观赏古老的茶耕方式，还可以亲身投入到"茶草
场农法"的耕作中，领略独特的"茶叶熏香"，免费品茶、试吃茶点、
品尝与茶有关的茶料理等。另有静冈茶博物馆，向人们科普茶学知识和
进行茶文化的学术交流活动，既有茶的试饮专柜、亲自体验展示、饮茶

■ 静冈茶园

风习展示等动态展示，还有包括茶艺、茶具、茶俗、茶道、茶树、古茶建筑、名人等静态展示。从2009年开始，静冈会议艺术中心每年都举行世界茶节。世界茶节有很多丰富多彩的诸如茶叶展销会、茶学术会议等活动，这些活动为世界茶文化的交流提供了广阔的平台。每当世界茶节开展时，世界各国茶叶、茶文化爱好者汇聚一堂来品茶、交流茶等。

二、英国下午茶文化之旅

英国是一个高度发达的资本主义国家，由大不列颠岛上的英格兰、威尔士和苏格兰，爱尔兰岛东北部的北爱尔兰以及一系列附属岛屿共同组成，为一个联邦制岛国，属温带海洋性气候。以英格兰人为主体民族，首都伦敦，官方语言为英语。足球是英国人平时最喜欢的娱乐活动之一。著名景点有爱丁堡、荷里路德宫、巴斯罗马古浴场、普尔特尼三拱桥、皇家新月形大厦、格林威治公园、苏格兰威士忌中心、海事博物馆、千禧巨蛋、剑桥大学、牛津大学、圣玛利教堂、伦敦议会大厦、伊丽莎白塔、莎士比亚环球剧场、白金汉宫、大英博物馆、杜莎夫人蜡像馆、福尔摩斯博物馆、海德公园、伦敦塔、圣保罗大教堂、伦敦塔桥、维多利亚与艾伯特博物馆、温莎古堡、西斯敏斯特大教堂、泰晤士河、巨石阵等。著名古迹如马尔伯勒公爵的布莱尼姆宫、德文郡公爵的察兹沃斯宫（CZATSWORTH）、巴斯侯爵的朗利特庄园（LONGLEAT HOUSE）。英国不产茶，但红茶已成为英国人重要的饮料。

英国人接受茶到饮茶成为国饮的历史进程是复杂的。17—18世纪的英国人由饮用咖啡转为饮茶，并使茶开始风靡于英国的过程，其内在原因是多元的。既有两种饮料各自属性的差异因素，又有二者在传播领域的变迁、贸易历史格局等原因。

茶于17世纪上半叶才进入英国，饮茶仅限于贵族上层，比起咖啡，茶在英国的影响非常有限。

16世纪咖啡进入欧洲。1652年，希腊人罗塞在伦敦开设了首家咖啡馆。咖啡产地在也门，与英国距离较近，由于交通成本低，咖啡价格低廉，而"茶比咖啡贵得多，进入伦敦后很久还是稀有之物"。因此自17世纪中期至后半叶，欧洲、英国兴起势不可挡的"咖啡热"。

但是，咖啡很快在英国受到基于社会道德、经济利益乃至政治局势上的批判。咖啡馆主要服务于男性，排斥女性群体，甚至常兼营陪宿等生意，于是有社会人士假借妇女口气对咖啡予以批判。由于咖啡馆的顾客饮用咖啡时喜阅读报刊，不识字者听别人朗读报纸，人们以此关心时政，针砭时弊。因此，复辟的斯图亚特王朝借助社会中对咖啡的抵制，先后于1675年、1676年两次下令关闭咖啡馆。不过，由于该禁令遭到反对而最终未能真正实施。

"咖啡热"让咖啡馆数量激增，竞争加剧，经营者开始多元经营，于是茶跻身于咖啡馆，咖啡馆实际提供咖啡、酒类、茶水等饮料，咖啡的生存空间受到挤压。1657年，英国商人托马斯·加威首次将茶引入咖啡馆，他张贴海报宣传饮茶能延年益寿，醒脑提神，提高记忆力等方面的保健功效，诸如治疗心脏与胃肠功能衰退，促进食欲，增强消化能力，清除脾脏方面的障碍，治疗膀胱石及砂淋症、水肿坏血，借助发汗与排尿而洗涤血液。

在咖啡传播严重受阻的背景下，茶的传播领域不仅由英国上层扩布到民间的咖啡馆，而且18世纪后，茶逐渐普及于英国中产阶级家庭。这不仅和贵族女性的喜好影响有关，还根源于饮茶本身的属性。本身带有巨大持续示范效应的贵族女性，如凯瑟琳王后、玛丽二世与安妮女王均喜好饮茶，极大促进强化了饮茶在咖啡馆以外的家庭私人空间的传播。

值得一提的是，饮用咖啡需要精细的烘焙研磨，繁复的工序超出了个人的加工能力，相比之下，饮茶极为方便，在公共领域与私人空间均可以传播开来，尤其在后者更占优势。更重要的是，17世纪，英国在东亚建立了稳定的贸易关系；18世纪，茶叶已经代替丝绸成为东亚贸易中的主要货品，成为英国东印度公司的业务重心，亦是英国财政的重要来源，所以英国社会鼓励消费茶叶。

英语 Teatime 一词，指的就是占据英国人 1/3 生命的饮茶时间。

英式早茶精选阿萨姆、锡兰（现斯里兰卡）、肯尼亚等地红茶调制而成，茶的口感来自锡兰、浓度来自阿萨姆、色泽来自肯尼亚。清晨给家中的客人送上一杯香浓的早茶是英国古老的传统。英国人曾发明一种"茶婆子"以便英国人饮用早茶。它是由一个小钟、一个小台灯和一把烧水壶组成。预先于茶壶注水，茶叶置于茶杯中，到预定时间水沸腾后小壶会自动倒水入茶杯，待茶泡好，小钟鸣叫，台灯打开，等待主人享用早茶。至今仍有英国家庭保留和珍藏"茶婆子"。

英国茶俗最不为外人所知的是"公休茶"即上午茶。英国人在上午11点喝一杯茶，他们称之为eleven's，即上午11点时的便餐。上午茶并不繁杂，是英国茶中最简单的部分，大约持续20分钟。

英国人的饮茶习俗最特别的还在于其"下午茶"（又叫午后茶、五时茶）的习惯，即在下午4～5点钟的时间里，有一个饮茶、吃茶点的时间。据说这是一个叫安娜的贵族夫人于1763年首创的。当时英国人早餐丰盛，午餐简单马虎，且午餐后到下午8点晚餐间隔达8个小时，能量难以维持，于是安娜夫人每到下午5点，就邀请大家饮茶吃点心，以消渴止饥。这就开启了英国上流社会一种崭新的社交方式，当时的女士们一定要在合适的公共场合一起享受下午茶。因为只要几壶红茶，加上一些精致点心就足以让人感觉宾至如归了，很多中产阶级开始成为下午茶最忠实的拥护者。

正式的英式下午茶包含精致丰富的内涵。首先选择最好的房间作为下午茶聚会处所，茶具和茶叶须高档，点心也求精致。

下午茶的专用茶源是大吉岭茶、伯爵茶、火药绿茶或者锡兰茶等传统口味的纯味茶。先在杯中放入牛奶，用壶将茶泡好后，再冲入杯中与牛奶混合，最后再放进方糖。顺序不能颠倒，假如先倒茶汤再放牛奶就被认为是没有教养。有的英国人也喜欢喝什锦茶，即将几种茶叶（红、绿、乌龙茶等）混合冲泡。也有的在茶汤中加入橘子、玫瑰、柠檬汁等辅料，他们认为，这样就会使茶叶中伤胃的咖啡因减少，更能发挥茶的健体作用。

英国人对饮茶用具也十分讲究，喜欢用上釉的陶瓷器具，不喜欢用银壶和不锈钢的茶壶，因为他们认为金属茶具不能保持温度，锡壶、铁壶还有损茶味。英国人刚接触茶时中国茶具很紧俏，用中国瓷茶壶、茶杯冲泡中国茶才能显示地位的尊贵和正宗的饮茶之道，所以中式茶具的价格远远高于当时英国本土的茶具。据说当时英国自制瓷茶具的技术含量不高，所以成品质量不好，不耐热，现在正好相反，英国瓷器成为饮用下午茶的首选器具。英国人重视茶具的选择，因为他们相信茶味再美，如果缺少精致优美的瓷器，茶汤的风味也会减半，所以英国人制造出了世界上最好的茶具。英国瓷器非常漂亮，这种美并非只有单纯的华丽，更多地体现出一种高贵的柔和与细腻的协调，隆重却绝不媚俗。英国有很多历史悠久的陶瓷镇，比如湖区、圣爱甫兹、爱尔兰等，也有很多专业的生产茶具的品牌诸如Churchill、Portmeirion、Royal Grafton、Blakeney。它们都是有历史背景、物超所值的典藏级作品，很多人喜好收藏英国茶具，认为它代表了一种精致的文化生活，或者说是一种英式浪漫的结晶。

茶具以外，须用一个三层的点心瓷盘装满纯英式点心，第一层是用熏鳜鱼、火腿和小黄瓜搭配制作的美味的三明治和手工饼干，第二层是传统英式圆形松饼搭配以果酱和奶油，最底层放的是时令水果塔和美味小蛋糕，食用时必须从下而上取用。英式圆形松饼的食用方法是先涂果酱，再涂上奶油，吃完一口再涂下一口，而涂抹松饼常用玫瑰果酱，其质地较稀，加在玫瑰茶中也相当可口。传统下午茶须配以典雅的古典音乐作为背景，这是将生活化的茶活动纳入了艺术化的行为层面。

另有英式晚茶俗称 High Tea，当然也有人认为它还是下午茶的一种，但晚餐茶进行时间是在傍晚，并且把茶与晚饭合并到一起吃喝，具有更多平民化的色彩和习惯，餐桌上的佐料也不是很讲究，多为面包、奶酪、鱼肉等，实质上缺乏下午茶的特征和内涵，所以很少有人给予充分关注。

英国下午茶构成民族饮茶内容中最核心的部分，承载着茶文化，创造出英国人恬静、高贵、精致的生活。下午茶的品饮已超越了技艺层面，在繁琐严格的程式中呈现出英国人的生活艺术，蕴含其民族的精神世界。

下午茶时间要求的正统时间为下午4点，俗称 Low Tea。维多利亚时代的男士们要求身着燕尾服，女士则是正式长裙。如今白金汉宫每年举行正式的下午茶会，男士服装依然是要求燕尾服、戴高帽和手持雨伞，女士们则穿白色洋装，一定要戴帽子。女主人身着正式服装亲自为客人服务，表示对来宾的尊重。下午茶聚会场所必须是家中最好的房间，要在之前准备好所有材料，包括装饰品和音乐的选择都要精益求精。冲泡要严格按照下午茶的构成比例调制，对水质、水温、茶具都有很严格的要求。下午茶点心的食用礼仪，客人一定要注意食用点心的顺序，在吃松饼时要注意方式。英国人除了有严格的品茶规范，对于品茗的环境也有一定的要求。英国人崇尚的是贵族式的优雅生活，下午茶会是品判个人文化修养、家庭教养的社交场合，同时也是研习社交礼节、展示绅士淑女风采的最佳途径。男人们穿着正式、行为稳重、大方得体，茶具都是轻拿轻放，以保证茶室内的安静。女士们谈吐优雅、举止从容，有人从身边经过都会很有礼貌的微微挪动身体并且报以微笑，年长的女性在一起谈话时声音很小，动作也很和缓。

英国茶文化以个人和家庭为单位，注重自我的满足和家庭生活，体现出英国的个人主义价值观，民族精神最大特点是以个人为中心，保持独立、内敛和安静的气质。英国下午茶的高雅性代表个人的修为与涵养，这些特点都综合反映于英国的民族精神中，即保守、认真和追求体面，喜欢固有的生活方式而不乐于改变习惯或接受未知的新事物，反过来这种性格特点又进一步巩固了英国人的个人主义价值观念。

英国人崇尚一种有着国家特色的高雅文化，一种可以凸现自己、有别于他国的文化，这种文化代表了英国的优越性和民族性，是英国无可替代的象征，体现在茶文化中是精英文化的性质。虽然饮茶的大众化推动茶文化进入成熟稳定，但英国茶文化区别于东方的根本特征，依然是其精英性的特点。英国茶文化从诞生始，是自上而下的传播，精英文化史其茶文化的初生因子，不可磨灭。而英国的民族心理和民族精神也并未受文明的演进发生根本性地改变，所以，英国茶文化的精英性、大众性，有主次本末之别，在矛盾中融合，构成了民族茶文化的独特内涵。

英国茶艺术连锁集团创立于伦敦，以英国俱乐部的形式开设，是主要经营英国下午茶的古典英式茶餐厅，环境相对比较封闭，比较注重客人的私密性，很适合商务会谈或社交。茶餐厅的玫瑰椅是专门设计的，即由维多利亚时期下午茶的蓝色径厅得来，每一个径厅都有它专属的瓷器。店内的瓷制茶具都是英国本土产的安斯利（AYNSLEY）瓷器。此为世界十大名瓷之一，是为精致骨瓷，骨粉含量达50%。在这里可以品饮到各种调配茶，在不同的季节，可将茶与不同的原料进行调配。将浓度较高的红茶加入牛奶成为奶茶，适合一天中的任何时候品饮；寒冷的冬日可加入小甜姜，暖心暖胃又美味；另有百香果茶、草莓茶、蜜桃茶等水果口味的茶，都是以红茶为底加入不同的水果，做成冰饮也非常可口香醇。

最具英国传统的Savoy酒店曾操办了英国女王伊丽莎白二世的加冕晚宴，因此实力非凡。Savoy酒店的下午茶优雅高贵，是唯一一个保留Tea Dancing传统的地方。在那架传统的白色钢琴舒缓的奏乐声中享用经典的下午茶，能让您感受那百年不变的贵族风范。

■ Savoy 茶餐厅

三、印度红茶文化之旅

印度是世界四大文明古国之一，首都新德里，全国人口接近13亿。印度的种族有五个主要类型：尼格罗人（the Negroids）、原始澳大利亚人（the Proto-Austroloids）、地中海人（the Mediterraneans）、迪纳拉人（the Alpoinarics）以及印度土著人。主要旅游点有阿旃陀石窟（古印度佛教艺术遗址）、泰姬陵，以及埃罗拉石窟、阿格拉古堡、盖奥拉德奥国家公园等。印度茶主要有阿萨姆红茶、大吉岭红茶。印度是世界第二大茶叶生产国和茶叶消费大国。

18世纪，少量茶籽由中国传至印度，于加尔各答的皇家植物园进行种植。1813年，英国东印度公司在被取消了对中国的贸易垄断权后，将"枪口"对准了印度本土。公司成立了一个特殊的委员会，由Charles Bruce负责培养茶树幼苗。其实Charles与他的哥哥Robert早先就在阿萨姆地区发现了茶树和茶苗，但是他们对本土的资源没有太大的信心，坚持到中国采购茶籽、茶苗，并雇用中国技工，在武夷山购入制作岩茶、红茶的茶籽。1834年，印度成立茶叶种植委员会，开始栽培茶树、加工茶叶。随着时间的推移，他们的种植方式日渐成熟，大吉岭茶、阿萨姆茶等印度名茶便开始风靡兴起。自19世纪50年代起，茶树种植业获得迅速发展。茶园主要分布在东北印度和南印度，主要茶类为红茶，其中89%是CTC红茶，也生产少量绿茶，主要以种植形式经营。1912年，阿萨姆邦成立印度半官方半民间性质的茶叶研究机构——托克莱茶叶试验站，由印度茶叶协会领导。1926年，在南印度茶区哥印拜陀成立南印度联合种植者协会茶叶研究所，是南印度联合种植者协会下设的一所民间的茶叶研究机构。1996年，印度茶园面积已达43.43万公顷，茶叶产量78.00万吨，当年居世界首位，占世界茶叶总产量的29.89%；出口15.36万吨，占世界茶叶出口总量的13.88%，居第四位，主要销往俄罗斯、英国、波兰、伊朗和埃及等国。印度是世界上茶叶消费大国，年消费量约60万吨，人均年消费量0.64千克。

印度目前为红茶主要的产出地，大吉岭红茶（Darjeeling）出自此地喜马拉雅山麓的大吉岭。大吉岭位于印度与中国交界处，与尼泊尔、锡金、不丹等国相邻。大吉岭常年低温，终年被云雾所笼罩，雨水充沛，环境极适合茶树生长，茶树种植于海拔3 000～7 000米的山坡地。大吉岭红茶有着"下午茶之香槟"的美誉，价位较高。大吉岭茶叶极容易辨识，呈褐黄色，不似一般红茶那样来得乌黑。茶汤亦较浅，茶色淡橙，与一般红茶颜色大不相同，又带有非常特殊而明显的康香葡萄香气，入口清爽优雅。

顶级的大吉岭茶多半掌握在日本人手里，一年只有4～9个月可以采制，弥足珍贵。第一次采收从2月底至4月中旬，为春收茶。茶叶外观为青绿色，有很多呈绿色的叶芽，茶汤呈金黄色或香槟色。春摘茶的香味独特，为麝香葡萄或绿杏核果香。春收茶属于较细嫩的茶，味道清香，冲泡时每杯约以2.5～3.5克茶叶浸泡约1～2分钟，茶香清爽顺滑，适合炎热夏季解暑。第二次采收在5—6月，在这个全年最大的采收期所采的茶称为夏收茶。茶叶外观呈深灰色，黄色或白色的叶芽亦多，茶汤呈深金黄色或淡橘红色，冲泡时间稍长，茶香浓，口感厚实，回味甘甜。以成熟度来说，夏收茶比春收茶有优势，香浓味厚的红茶自然以夏收茶为其中的极品，同一茶园的夏收茶价格远远超过春收茶。除了春茶和夏茶之外，有介于春夏之间的采收茶、秋收茶和混合不同茶园、不同采收期的混合茶。还有款著名的印度辛香茶，即是以大吉岭红茶为底，再熏上多种香料，诸如豆蔻、丁香、胡椒、肉桂和姜制成。蜚声中外的大吉岭红茶已有近百年来历史，印度人认为没有大吉岭红茶的生活毫无乐趣可言。

大吉岭位于印度东北部，地处喜马拉雅山脉连绵起伏的群山之中，北部连接不丹，西部连接尼泊尔，南部和东北部连接孟加拉国。它原本只是一个小村庄，因美不胜收的风景，成为了一个有火车经停的山间小站，如今已变身为一个小镇。大吉岭万亩茶园吸引着全世界的茶人。大吉岭红茶，其汤色橙黄，气味芬芳高雅，上品尤其带有葡萄香，口感细致柔和，被誉为"茶中的香槟"，为世界三大红茶之一。印度作为英联邦国家，茶叶种植园最早在19世纪中叶由英国人从中国引进而发展起来，培育出一种独特的优秀红茶杂交品种和发酵技术。大吉岭地区到处是茶园，而且大多已有上百年的历史。采茶工的打扮和工具都非常有地方特色。采茶工多为当地的少数民族，他们身穿红底绣花的民族服装，把茶筐的带子勒在额头上，用头部代替双肩来承担筐子的重量。大吉岭拥有蜚声世界的香醇红茶、列入世界遗产保护的具有130多年的大吉岭喜马拉雅蒸汽机车铁路、多民族文化与高原风情。美国文学家马克·吐温于1896年乘坐小火车来到大吉岭城，赞颂此地是胜过世间一切美景的地方。

阿萨姆红茶(Assam)产自阿萨姆茶区。阿萨姆茶区地处印度北部喜马拉雅山麓的广大草原地带，无论是自然环境或气候条件，都是理想的红茶产地，是西方最早发现茶树的地方。大部分的阿萨姆红茶都是于5—6月采收，有少部分的阿萨姆红茶于4—5月采收。阿萨姆红茶较之大吉岭红茶叶片较大，外形细扁。茶汤呈深红色，口感厚重，茶味浓烈，有甘醇的余香，素有"烈茶"之称。因冷却后阿萨姆红茶会产生白霜及涩味增强，非常适合加入牛奶饮用，也适合以牛奶熬煮制成"皇家奶茶"。香气带有淡淡的麦芽香、玫瑰香，还有点略被烟熏的枯叶味，且因冷却后易产生"茶乳"现象，故不适合用来冲泡"冰红茶"。因其成分容易释出，属浓烈红茶，故浸泡时间不可太长。阿萨姆红茶最适合制成奶茶饮用，奶茶汤色清澈彤红且浓艳无比。

典型的阿萨姆奶茶是阿萨姆红茶添加鲜乳而成。除此之外，加入新鲜柠檬汁，制成柠檬红茶，鲜红的茶汤转为淡粉红。上等的阿萨姆红茶，茶叶中掺有叶芽，喝起来柔柔顺顺的，在不加糖或鲜奶的情况下也十分顺口。阿萨姆红茶常与非洲肯尼亚茶、中国红茶等混合成早餐茶。英国人尤其特别喜爱阿萨姆红茶。

阿萨姆红茶的浸泡时间依碎叶及全叶茶而不同，碎茶叶浸泡时间稍短。碎茶叶最好添加许多鲜乳，因为此类茶性强，若不添加鲜乳容易伤胃。全叶茶则视叶片大小而定，若超过 1 厘米的，浸泡时间可至 4～5 分钟，不过叶片大的口感上会厚重，若叶片在 1 厘米左右又有些叶芽的，浸泡时约 3 分钟。全叶茶添加鲜乳上就可稍作斟酌，未必需加太多。

印度拉茶(Image)起源于印度，但现在除了印度外，马来西亚、新加坡也有，去新加坡和马来西亚旅游有时也能喝到拉茶。拉茶即将茶粉、炼乳及沸水冲泡成浓浓的奶茶，将茶水反复倾倒在两只茶杯间进行"拉"的过程，手拉动的距离需要很大，上下的垂直距离需要很高，只见茶水神奇地在茶杯间飞来飞去，准确落入杯中，如此方能把茶与奶混合，将茶的清香和奶的醇浓完美交织在一起，最后形成一层空气泡沫浮在奶茶的表面，浓醇香味扑鼻而来。随着印度人移民至马来西亚，拉茶成了老少咸宜的马来西亚国饮，在马来西亚高级咖啡厅、一般餐厅，乃至于路边小贩，都有销售。

印度拉茶还有一个好听的名字"香料印度茶"，其中的香料指的是玛萨拉（Masala）调料，在印度语中是辣的意思。印度人的饮食习惯中少不了各式各样的香料，而大多数香料的味感都有些辛辣，相较而论，玛萨拉茶的口感比较温和，适合冬日饮用，有温暖身体的功效。印度署热潮湿，湿气黏滞，滞留不散，印度人利用综合香料的玛莎拉茶提神醒脑、促进全身血液循环。

印度人有一种独特的啜饮方式，把茶叶斟放在盘子里啜饮，有时直接用舌尖去舔饮，他们认为用这种方式才能品尝出真正的茶味，所以喝茶在印度又称为"舔茶"。另外，因为印度人的左手是用来洗澡和出恭的常用手，所以有避免用左手递送茶具等特殊的习惯。

印度的城市、乡村，煮茶摊贩、售茶店铺、奔波送茶的小弟构成了印度别具一格的生活情景。

印度茶业也面临着国际茶叶市场价格波动，激烈的全球竞争和紧张的劳资矛盾的影响，在如何提高茶叶公司的收益上，受到国际上一些国家开辟葡萄园和酒厂旅游的启发，印度的茶叶公司认为也许茶园旅游业是可以提高收入的新途径。印度大茶叶公司都拥有散布在大吉岭、阿萨姆、尼尔吉里、喀拉拉邦蒙纳等广大茶区，茶区中有在英国统治期间建造的英式花园别墅，这些都是茶园旅游最好的资源。因此，印度许多大茶叶公司，像麦克劳德拉塞（Mcleod Russel）、塔塔茶叶（TaTa Tea）、马辛德拉俱乐部（Club Mahindra）成为茶园旅游的重要资源。

Wild Mahseer茶园别墅是一座建于1875年的英国茶叶种植园主的家，是一座典型英国风格的豪华别墅，该别墅占地22英亩*（约133.54亩），处于Baliparea茶园的中央。Baliparea茶园是英国阿萨姆茶叶公司于1864年建造，属于印度麦克劳德·拉塞尔（Macleod Russel）茶叶公司和印度河旅行和大平房私人有限公司合作开发的一座休闲、疗养和商务会议的宾馆。该别墅区一共有7座独立的大平房，12间套房。分别是：遗产大平房（heritage Bungalow）、金毫、银毫、第二轮茶、安普西尔、一芽二叶和芽一轮茶。其中最著名历史最悠久的是遗产大平房。整套房子一共有3间卧室，并配有独立超大的浴室，日用品都是手工制作，并带有红茶的芳香。一间餐厅、一间书房、一间会客室和一间休息室。每个客厅都高大宽敞，各个房间的装饰完全是英伦风格。

---

* 英亩为非法定计量单位，1英亩 ≈ 4046.85平方米。——编者注

该度假别墅可以安排茶园采茶、茶厂参观、漂流、垂钓、河畔野餐，还可安排到世界遗产国家公园Kaziranga旅行，该公园以独角犀牛而闻名。除此之外，还可参观建于17世纪，亚洲最古老的佛教寺院达旺寺（Ta Wang）。

■ 大吉岭茶园

四、肯尼亚红茶文化之旅

肯尼亚是人类发源地之一，境内曾出土约250万年前的人类头骨化石。公元7世纪，非洲东南沿海地带形成一些商业城市，阿拉伯人开始到此经商和定居。首都内罗毕，全国人口接近5 000万，全国共有42个民族，主要有基库尤族（17%）、卢希亚族（14%）、卡伦金族（13%）、卢奥族（10%）和康巴族（10%）等，还有少数印巴人、阿拉伯人和欧洲人。3—6月、10—12月为雨季，其余为旱季。主要旅游景点有内罗毕、察沃、安博塞利、纳库鲁、马赛马拉等地的国家公园、湖泊风景区及东非大裂谷、肯尼亚山和蒙巴萨海滨等。肯尼亚是世界主要红茶生产国和输出国。

肯尼亚是中国"一带一路"倡议在非洲的支点。15世纪初，为了发展和加强中国与世界各国间的贸易往来，明成祖派遣三保太监郑和出使西洋，1405—1433年的28年间，郑和七下西洋，遍访亚非30多个国家。郑和第4～7次下西洋远航中，最远航行至非洲东海岸的肯尼亚等地，向他们颁赐丝绸、瓷器、茶叶、金银等礼品。

肯尼亚是一个地处赤道、以热带高原气候为主的国家。肯尼亚西高东低，东临印度洋，海岸线长536千米，沿海为平原地带，纵切高原南北，将高地分成东、西两部分。中部自北向南穿过东非大裂谷，除沿海地区地势较低外，大部分地区都在海拔1000米以上，终年雨量充沛、气候温和，大面积的由岩石中分化和火山沉积形成的红色酸性土壤，相对较少的害虫，是生产优质高地茶叶的理想之地。肯尼亚茶区限于气温凉爽、雨量充沛而且降水量分布均匀的高海拔地区，主要茶区分布在东非大裂谷的两侧。

肯尼亚茶产业发展历史虽然很短，但十分重视茶叶新技术和机械化的采用。1958年，肯尼亚就在新建立的茶场采用在印度最先使用的先进的洛托凡揉切机，这使肯尼亚节省了很多年的研发时间和精力，能够从一开始就进入CTC茶市场。除了著名的马里宁茶园（Marinyn，制作和出口传统红茶）和米奇马卡鲁茶园之外，其他茶园也均只生产CTC茶。以前肯尼亚几乎不生产绿茶，但近年来肯尼亚也开始生产。在肯尼亚的茶厂、茶叶研究机构里，常用茶树当篱笆，茶树有2米多高，甚至可达4米多高，从下到上密不透风，说明该茶种性状优越，形成了一道独特的风景。

肯尼亚是世界主要茶叶出口国之一，每年出口大量的红茶，主要通过茶叶拍卖市场蒙巴萨来完成。1927年，肯尼亚茶叶首次在英国伦敦拍卖市场销售。1956年，在首都内罗毕成立了自己的茶叶中心，以挑战伦敦拍卖市场的权威。1969年，该中心搬到港口城市蒙巴萨，这里每年的拍卖交易量为该国出口量83%。蒙巴萨是世界第二大茶叶拍卖中心，拍卖市场常年逢星期一、星期二进行交易，整个拍卖是在东非茶叶贸易协会的安排下进行的，东非茶叶贸易协会的成员包括经纪人、购买商、生产商、包储商和包装商。生产商也私下里直接销售部分茶给国外的进口商。这种交易方式大约占整个产量的13%，而当地市场只消费4%的茶叶。茶叶在肯尼亚已是一种重要的换取外汇的作物和工业产品，产值占国家总预算11%，对国民经济影响很大。肯尼亚生产的茶叶类型有红散茶、袋泡茶、速溶茶、冰茶、调味茶、其他茶类等，肯尼亚茶叶的茶汤品质高，被认为是世界上最好的饮料。

茶虽然是明朝郑和七下西洋带到地处东非的肯尼亚，但到20世纪初，英国才开始在肯尼亚发展茶叶生产，使之成为新兴的红茶生产国，故其饮茶习俗受英国影响很深。肯尼亚人喜饮红碎茶，茶叶因为呈碎粒状，冲泡时茶汁极易浸出，滤去茶渣，茶汤通亮浓艳，放入适量甜牛奶、方糖，手握小调匙轻轻搅拌，即成一杯甜香可口的牛奶甜红茶。肯尼亚人还钟情于在红茶汤中只加方糖，不加牛奶，或者清饮红茶，通常日饮3～5杯。肯尼亚人深受英国统治的影响，喜喝下午茶，饮午后四五点钟的午后茶，自然配以具有非洲风情的小糕点，诸如夹心饼干、小面包、果酱之类。

1964年，肯尼亚政府组织人力、物力对全国的土地进行调查。从气候、土壤、日照、雨量、农业人口、种植现状、经济收入等入手，选择了适合茶树种植的地区，按照集中种植的原则制订了茶业发展的规划。根据明显的地势差异，在全国范围内把茶树种植划分为五个区，即维多利亚湖盆地、利夫特峡谷高地区、东部高原区、沿海区及北部干旱和半干旱区。五个茶区分布在全国5省12县，主要位于纵贯南北的东非大裂谷两侧，一片在首都西北的维多利亚湖东侧，另一片在首都东北的肯尼亚山附近。这些地区是凯里乔（Kericho）、南迪（Nandi）、索蒂克（Sotik）、钦布（Kiambu）、基西（Kissi）、涅里（Nyeri）、梅鲁（Meru）、穆仓加（Muranga）、埃布（Embu）、开里亚加（Kieinyaga）等地区。特别是以凯里乔（Kericho）茶区的茶叶最为有名，有着"茶都"的美誉。

■ 肯尼亚茶园

五、斯里兰卡红茶文化之旅

斯里兰卡旧称锡兰，是个热带岛国，中国古代曾经称其为狮子国、师子国、僧伽罗。行政首都是位于科伦坡郊区的斯里贾亚瓦德纳普拉科特，全国人口2 000多万。斯里兰卡旅游业是其经济的重要组成部分，游客主要来自印度及东南亚、欧洲等国家和地区。斯里兰卡是一个大多数人口都信仰佛教的国家。景点有班达拉奈克国际会议大厦、大象孤儿院、阿努拉德普勒、德希韦拉动物园、要塞区、亚当峰、斯里兰卡国家博物馆、波隆纳鲁瓦古城、狮子岩、锡吉里亚古城等。斯里兰卡盛产红茶。

明代郑和七下西洋将茶叶带到了斯里兰卡，在斯里兰卡商业首都科伦坡的博物馆里还珍藏着郑和当年建立的石碑。在马来西亚的马六甲港，保留有三保山，山下还有三保井，其旁还有三保庙和三保亭。

茶叶是斯里兰卡外汇、财政收入等的重要来源，是仅次于水稻的重要农作物。1998年斯里兰卡独立时，茶叶、橡胶、可可的出口额占其国家出口总额92%。斯里兰卡是世界最主要茶叶生产国和出口国之一，2017年，斯里兰卡茶叶总产量为30.7万吨，占世界总产量的5.4%，居世界第四位；出口量为27.8万吨，占世界茶叶出口量的15.6%，居世界第三。

斯里兰卡茶园主要分布于中部高山地区，中央省的茶园面积大约占全国茶园总面积的一半。斯里兰卡的茶叶主产区主要分布于加勒(Galle)、拉特纳普特(Rat-napura)、康提(Kandy)、努沃勒埃利耶(Nuwara Eliya)、丁比拉(Dimbu-la)、乌瓦(Uva)等地。丁比拉(Dimbula)茶区的丁比拉茶浓厚、馥郁，享誉世界。加勒(Galle)茶区专门生产花橙黄白毫和橙黄白毫。努沃勒埃利耶(Nuwara Eliya)茶区是最优质茶的产地，所产茶被称为斯里兰卡茶中的"香槟"。茶味润滑，色泽金黄明亮，气味淡雅芬芳。拉特纳普特(Ratnapura)茶区所产低海拔茶，主要用来制拼配茶。

斯里兰卡茶园按海拔高度不同分为不同的类型，有海拔1 200米以上的高地茶、海拔600～1 200米的中地茶、海拔600米以下的低地茶。高地茶香高汤艳味浓，品质最佳。中地茶品质次之，但口味醇厚、色泽鲜丽。低地茶品质较高、色泽良好、口味浓厚，但与高地茶相比，缺乏具有特色的风味和鲜爽香醇的口感，因而汤色较暗，味较薄。所有红茶均适于加入牛奶后饮用，味道极好。一些种植园生产银毫白茶，适于不加牛奶饮用，茶汤为清澈的淡黄色。

斯里兰卡是世界闻名的红茶王国，红茶产量比重大，几乎全部加工红茶，红茶品质优异，价格高，国际上竞争力强。20世纪50年代印度兴起CTC工艺，斯里兰卡也开始生产一些CTC红碎茶，但90%以上的红茶仍是以传统制法生产。斯里兰卡绿茶生产始于1889年，1904年停止生产，1982年恢复生产。绿茶主要销往摩洛哥、巴基斯坦、阿富汗等地。另有特色茶包括速溶茶、风味茶、礼品茶等，产量少，主销美国、德国、英国、加拿大、南非、澳大利亚、新西兰等。风味茶的产品范围有150多个不同类别，如柠檬、苹果、桃子、芒果、草莓、薄荷等。还有香料口味的风味茶，如豆蔻、桂香、丁香等。

斯里兰卡茶叶品牌是"锡兰茶"，蜚声海外，该国主要通过知识产权法对注册的"锡兰茶"品牌进行保护，通过注册全球地理标识（Global Geographical In-dicators）来保护"锡兰茶"品牌。此外，斯里兰卡贸易与产业部将850万卢比用于2011年的"锡兰茶"的地理标志注册上，并且将提供另外的850万卢比在其他20个国家进行"锡兰茶"品牌保护。立法手段以及巨额的资金支持使得斯里兰卡茶叶品牌得到较大的保护。

斯里兰卡生产的茶以出口创汇为主，国内自销量仅1万～2万吨，但斯里兰卡人均消费水平比印度要高得多。斯里兰卡人酷爱喝浓茶，他们认为喝茶加奶是损害茶香味的俗套行为。斯里兰人热衷于用一种特制的镀金锡壶泡茶，他们认为此壶泡出的茶非常美味。城市、乡村都有很多卖茶的茶站，商业首都科伦坡有数十家中国餐厅，中国茶在那里也很受欢迎。

蜚声世界的三大高香红茶之乌瓦红茶。乌瓦(Uva)茶区位于斯里兰卡中部高地的东面乌瓦省，乌瓦省首府为巴杜勒，班达勒拉韦拉镇是乌瓦省首府巴杜勒的第二大镇，距离科伦坡约200公里。该镇是个农业山区小镇，茶叶是该镇的主要经济作物。这里年平均降水量1 100～1 400毫米，平均气温27℃，土壤呈酸性红黄灰壤，非常适合茶树生长。7月、8月、9月干燥风吹过乌瓦地区，使乌瓦茶具有了美味和清香，此时采摘的茶叶质量最优。19世纪中期，英国人来此，开始大规模开垦土地种植茶树，也带来了大量的印度南部移民，使得该小镇茶业得到快速的发展。小镇最为著名的是Dambatenne茶场，1890年由立顿（Lipton）最早在锡兰建立。据说，在1890年，百万富翁立顿就意识到茶叶将在英国

■ 斯里兰卡茶园

成为最有前景的经济作物，因此，他在哈普特莱购买了咖啡的种植园，全部改种茶叶。Dambatenne 茶场海拔 1 960 米处有一个名为"立顿座位"（Lipton'Seat）的景点，这里是乌瓦茶区的最高点，从这里可以俯瞰整个茶区的秀美风光。

了解斯里兰卡红茶的生产、加工和品质，品尝国际知名的红茶，住宿在 19 世纪英国种植园的茶园山庄，体验当年茶园种植园主的茶园生活，已成为斯里兰卡旅游部门招揽高端游客的重要业务，拥有茶园山庄的斯里兰卡的茶叶公司也将茶园山庄开发成为旅游项目。原英国植物园、种植园主山庄分布在各个主要茶叶产区，是 19 世纪英国殖民文化的遗址，其中位于斯里兰卡中部山区的丁布拉地区的博嘎万塔拉瓦山谷中茶园山庄最多，如 Castlerergh、Summerville、Tientsin、Kew、Campion、Loinorn、Norwood、Browmlow、Vrnture 和柯科斯沃尔等茶园山庄享誉全国。斯里兰卡的茶叶公司对早期种植园主的闲置住宅进行了精心的修缮，使其成为具有英式殖民时代风格的豪华山庄。茶园山庄里有深棕色的窗、高雅的家具、旺盛的木火炉，山庄内有专业的厨师、管家提供服务，他们经常都是在一个家族工作的仆人的第三代、第四代。

参考文献

澳门人文社会科学研究文选（2008—2011）编委会，2013.澳门人文社会科学研究文选[M].北京：社会科学文献出版社.

白美丽，2017.对茶文化旅游概念及相关问题的认识[J].福建茶叶，8:99-100.

陈德华，2015.武夷岩茶（大红袍）研究[M].北京：中国科学技术出版社.

冯卫英，王玉花，John Kipkorir Tanui，等，2012.苏州洞庭碧螺春茶文化旅游资源的经济价值评估[J].茶叶科学，32(4):353-361.

傅建华，2002.湘西古丈茶事茶俗撷萃[J].农业考古，4:84-88.

甘飞云，2016.全域旅游视角下茶文化旅游产业发展探析——以黄山市为例[J].农业考古(5):111-115.

高焕沙，薛群慧，陈美爱，2016.杭州梅家坞茶养生旅游产品体系开发研究[J].云南农业大学学报（社会科学），10(6):73-77.

关剑平，2011.世界茶文化[M].合肥：安徽教育出版社.

韩海华，周斌星，2008.茶马古道：民族文化之路[J].茶叶，3:192-195.

禾素，2016.风中的蔓勒梗[M].北京：作家出版社.

何欣申，2010.茶道养生——精微之处见真机[A]//弘扬中华养生文化 共享健康新生活——中华中医药学会养生康复分会第七届学术年会论文集.中华中医药学会养生康复分会，5.

胡哲，2015.武当方圆八百里[M].武汉：武汉大学出版社.

黄雯，2017.中国传统茶道养生对大学生体育健身的启示[J].福建茶叶，
　　39(1):209-210.

姜秀玉，2015.中朝韩日文化比较[M].北京：社会科学文献出版社.

金广，1999.茶香飘万里，友谊越千年——话说中国绿茶在摩洛哥[J].阿拉伯世
　　界，4:58-61.

经典中国编辑部编，2015.经典中国[M].北京：中国旅游出版社.

李杰.庐山云雾茶文化旅游开发现状调查及分析建议[N].大观周刊，2011
　　(10):99.

李琼，2017.生态茶园的旅游开发与管理研究[J].福建茶叶，39(5):111-112.

李维锦，2007.茶文化旅游：一种新的文化旅游模式——以云南茶文化生态旅游
　　为例[J].学术探索，1:137-140.

李勇泉，2008.安溪县茶文化旅游精品线路的设计[J].中国科技信息 (22):
　　317-318.

李远华，2017.第一次品岩茶就上手[M].北京：旅游教育出版社.

历新建，2012.旅游经济发展研究——转型中的新思考[M].北京：旅游教育
　　出版社.

林更生，2010.印度茶文化[J].农业考古，2:237-239.

刘静，2011.陆羽《茶经》的传播与接受[D].南昌：华东交通大学.

刘琳燕，孙云，2011.福建茶文化旅游开发探析[J].茶叶科学技术，(3):39-44.

刘勤晋，2014.茶文化学（第三版）[M].北京：中国农业出版社.

刘香民，2010.中国古代游学的历史考察与反思[D].曲阜：曲阜师范大学.

刘晓航，2015.世纪动脉——中俄万里茶路的历史价值与当代意义[J].农业考古，
　　5:297-302.

刘章才，2015.茶与咖啡在近代英国的竞争[N].光明日报，11.

陆文宝，2004.试析径山之历史文化底蕴[J].东方博物，1:82-88.

罗龙新, 2010. 印度茶区考察散记[J]. 中国茶叶, 9-12.

罗龙新, 2014. 闻着茶香去旅行——斯里兰卡六大产茶区探访[J]. 中国茶业,
　　1:4-7.

罗时琴, 廖凤林, 2011. 贵州茶文化旅游资源的开发现状与发展建议[J]. 现代农业
　　科技, 17:371-374, 376.

罗时琴, 廖凤林, 江波, 2010. 贵州湄潭茶文化体验旅游产品开发模式[J]. 生态农
　　业(6):55-58.

麻智辉, 1992. 茶疗漫谈[J]. 农业考古(4):190-196.

马海云, 2007. 古老文化与现代生活的融合——茶文化旅游浅谈[J]. 商场现代化,
　　9(515):266.

马坚, 2003. 古兰经[M]. 北京: 中国社会科学出版社.

马敏, 付海晏, 2015. 晚清商会与近代博览会[J]. 华中师范大学学报(人文社会科
　　学版), 54(3):120-135.

宁波茶文化促进会, 2014. "海上茶路·甬为茶港" 研究文集[M]. 北京: 中国农业
　　出版社.

彭宁, 2007. 老北京 "茶疗套餐" 喝出健康[N]. 健康时报, 03-08(004).

齐天宝, 2007. 天津光明茶叶城营造浓郁茶文[N]. 中国商报, 02-09(004).

钱树伟, 鲍捷, 刘丽, 等, 2008. 近年来我国茶文化旅游研究[J]. 安徽农业科学,
　　36(35):15617-15619, 15666.

苏里文, 2007. 芒景布朗族与茶[M]. 昆明: 云南民族出版社.

谭巍, 李欣, 2005. 茶文化旅游的定位与开拓[J]. 农业考古(2):13-14, 22.

唐仕华, 1995. 安徽芜湖将建成我国最大的茶叶城[J]. 世界热带农业信息, 1:10.

陶艳红, 张健, 2017. 日本静冈茶文化生态式旅游资源的开发及启示[J]. 世界农业
　　(2):45-47.

滕军, 1992. 日本茶文化概论[M]. 上海: 东方出版社.

汪辉煌，徐丽萍，贺雅娟，等，2016.依托黄山茶资源发展茶文化旅游[J].安徽农学通报，22(8):137-139.

王伊华，2007.芳村茶叶城：产权自主称市场老二[N].民营经济报，05-12(005).

王镇，朱锁粉，尹福生，等，2009.茶文化旅游略论[J].茶世界(5):48-53.

吴燕和，2001.港式茶餐厅——从全球化的香港饮食文化谈起[J].广西民族学院学报（社科版），23(4):24-28.

吴玉冰，魏飞跃，2010.浅谈中医茶疗史[J].中医药导报，16(2):4-6.

肖洪磊，2016.云南普洱茶养生旅游开发策略研究[J].福建茶叶，38(3):346-347.

萧伟祥，1989.茶的营养成分与保健功能[J].福建茶叶(3):42-48.

萧欣浩，2015.从英式到港式——茶餐厅及其饮食的传承与转化[J].美食研究，1:18-24.

晓凡，2015.海上花园澳门[M].北京：中国旅游出版社.

熊庆蓉，2016.茶文化旅游模式研究及开发策略[J].福建茶叶(2):125-126.

许华，卢舜胤，2014.茶文化旅游体验影响因素探究[J].农业考古(5):227-230.

晏嫦妤，2007.凤凰单丛茶及其特色的茶文化[J].广东农业(5):22-25.

杨妮，李小明，杨骏，2007.茶文化旅游初探——以杭州茶文化旅游发展为例[J].杨凌职业技术学院学报，6(1):29-31.

姚国坤，2015.惠及世界的一片神奇树叶——茶文化通史[M].北京：中国农业出版社.

一夫，1992.茶的营养及保健功能[J].中国茶叶(2):38-39.

于慰杰，2016.民俗旅游的体验式营销研究[J].潍坊学院学报(6):65-67.

余悦，王柳芳，2014.茶文化旅游概论[M].西安：世界图书出版公司.

余悦，叶静，2014.中国茶俗学[M].北京：世界图书出版公司.

雨燕，2015.购物天堂香港[M].北京：中国旅游出版社.

苑晓赫，2016．"茶乡风光"背景下的乡村生态旅游研究[J]．福建茶叶，38
　　(7)：140-141．

曾庆均，1992．宋代"斗茶"述论[J]．西南师范大学学报（人文社会科学版），
　　3：69-70．

张德俊，2014．广东奔富茶叶交易市场　体验式综合茶叶城[J]．广东茶业，
　　5：51-52．

张静雯，张永振，2015．茶文化旅游的开发研究[J]．时代农机，42(10)：96-97．

张琳洁，2007．论我国茶文化旅游发展现状[J]．茶叶，33(3)：183-186．

张全晓，2010．更酌天池水，一试骞林香——武当山的道茶文化[J]．中国宗教，
　　12：49-50．

张石诚，殷鸿范，1980．肯尼亚的茶叶[M]．湖南科学技术出版社．

张石城，1980．肯尼亚的茶业[M]．长沙：湖南科学技术出版社．

张文雅，2015．论我国茶文化旅游创意体验产品开发[J]．农业考古(5)：142-146．

张育松，2008．铁观音茶的名称由来[J]．农业考古，4：126-128．

郑剑顺，阮逸明，2011．茶文化旅游设计[M]．厦门：厦门大学出版社．

中共杭州市余杭区委宣传部编，2007．径山禅茶[M]．杭州：西泠印社出版社．

钟贤巍，2009．论我国民俗旅游的开发与保护[J]．经济纵横，(12)：47-50．

钟晓鹏，王晶亮，2011．安徽茶文化旅游产品开发探析[J]．科教文汇，
　　6：204-205．

朱海燕，朱桅帆，刘蓉，等，2010．安化黑茶文化旅游资源与开发模式探研[J]．
　　中国农学通报，26 (13) ：426-430．

朱世桂，房婉萍，张彩丽，2008．我国茶文化旅游资源现状、特性及开发思路[J]．
　　安徽农业大学学报（社会科学版），17(3)：36-41．